살고싶은
마을의
정석

마을 공동체를 꿈꾸는
모든 이를 위한 지침서

살고싶은
마을의
정석

정도훈

밥북

머리말

마을 공동체의 올바른 복원과 우리의 미래

우리나라는 고난의 역사를 뒤로하고 전 세계가 부러워하는 눈부신 성장을 이루어 냈다. 경제성장의 기적뿐만 아니라 선진국들까지 칭송하는 놀라운 시민참여의 민주주의를 실현해 내었다. 실로 대단한 성과들을 이루어 낸 자랑스러운 나라가 바로 대한민국이다.

하지만 경제발전과 민주화의 성과에 취해 있기에는 우리 사회에 어두운 그림자가 너무 많다. 성장의 폐해인 환경오염, 금융자본주의로 인한 소득 양극화, 갈수록 심해지는 이기주의와 사회적 갈등 등 해결해야 할 문제들이 우리 앞에 산적해 있다.

이러한 상황이 아무런 개선도 없이 이어진다면 우리 사회는 어떻게 될 것인가? 우리의 자녀들, 우리의 손주들은 어떠한 세상을 맞이하게 될 것인가? 경제성장은 이루었으나 자살률이 높은 나라, 공부는 열심히 시키고 있으나 청소년이 행복하지 않은 나라, 중산층의 기준을 경제적인 소득에 맞추고 있는 나라, 이념적 성향에 따라 편 가르기를 하는 나라, 이러한 나라에서 사는 우리는 과연 행복할까? 그래서 경제성장이나 소득이 훨씬 못한 나라보다 국민의 행복지수는 엄청나게 낮은 나라가 우리의 부끄러운 현실이다.

과거 우리가 가졌던 중요한 덕목이었던 공동체 중심의 사상은 와해되어 가고 있으며, 이로 인해 마을은 이제 이웃과 더불어 살아가는 정신을 잃어버리고, 많은 사람들이 저마다 자기 가족의 풍요와 자신의 이익만을 최우선으로 하고 있다. 이렇게 인간이 행복을 느낄 수 있는 관계의 폭을 사회와 이웃 공동체에서 가족으로만 축소

시켜 버린 탓에, 더불어 살아가는 기쁨을 잊어버린 게 오늘의 현실이다.

이러한 환경 속에서 지금 이 시대를 사는 우리는 무엇을 해야 할 것인가? 과연 이대로 지금의 상황에 안주하며 가족과 나의 안위만을 추구하며 살아가는 것이 올바른 모습일까? 입으로는 행복을 말하지만 진정한 행복이 무엇인지조차 알려고 하지 않고, 오로지 경제적 풍요가 가져다주는 편리함에 취하여 높은 소득 달성만을 목표로 살아가는 것이 맞는 것일까?

이 책은 오늘을 사는 우리가 보다 나은 미래, 후손에게 물려주어야 할 바른 미래를 위해 무언가 해야 한다는 위기감에서 시작되었다. 개인과 가정에서 이웃으로, 이웃에서 마을 공동체로 관계의 외연을 확장해야 하는 필요성을 필자는 오랫동안의 마을 컨설팅 경험에서 체감하였다. 우리와 우리 후손이 살아갈 21세기에 진정한 행복을 추구하고, 발전의 방향을 바르게 인식하기 위해서는 지금 우리의 삶에 대한 근본적인 성찰이 필요하다. 더구나 우리가 사는 지구는 기후변화와 신종 바이러스의 출현, 각종 재난 등으로 그동안 인류가 추구해온 물질 중심의 발전에 심각한 반성을 요구하고 있지 않은가?

이에 필자는 30여 년의 컨설팅 경험을 바탕으로 우리 사회의 새로운 변화를 위한 동력은 지방에 있으며, 특히 우리가 잊고 살았던 마을 공동체가 그 핵심임을 자각하고 마을 공동체의 올바른 복원을 위한 방법을 알리기 위해 이 책을 썼다. 부디 이 책을 읽는 마을 리더나 지방정부의 공직자, 그리고 일상을 바쁘게 살아가는 현대인들에게 마을 공동체의 복원이 얼마나 중요한지 잠시 생각해 보는 계기가 되었으면 하는 간절한 소망을 담아본다.

2025. 10. 30.

정 도 훈

차례

머리말 마을공동체의 올바른 복원과 우리의 미래 ················· 5

INTRO 지금 마을에서는 ································12
- 상황 1. 이사 온 사람이 마을 일에 협조하지 않아요 ············· 13
- 상황 2. 내 나이 환갑인데 우리 동네 막내입니다 ················· 18
- 상황 3. 이사 온 사람을 호구로 아나? ························· 22
- 상황 4. 이장을 왜 맡아서 고생을 사서 하나? ··················· 26
- 상황 5. 체험 마을은 왜 해서 갈등을 만들었나? ················· 30

제1장 마을도 운영의 기초가 있어야 한다 ··················38
1. 마을을 단체로 등록하자 ································· 39
2. 마을 운영을 위한 정관을 만들자 ··························· 49
3. 주민(회원)관리를 하자 ··································· 59
4. 일할 수 있는 임원체계를 만들자 ··························· 73
5. 마을 운영의 원칙을 정하자 ······························· 80

제2장 주민참여를 위한 판을 짜야 한다 ··················92
1. 왜 주민참여가 중요한가 ································· 93
2. 이장은 임원과 판을 짜는 기획가여야 한다 ··················· 100
3. 울력을 통해 우리 마을이라는 공감대를 형성하자 ············· 106
4. 반 모임을 정기적으로 하자 ······························· 112
5. 모두가 즐기는 마을행사를 하자 ···························· 117

제3장 마을도 성장의 단계가 있다 ·········· 126

1. 생활공동체라는 인식의 확보가 먼저다 ·········· 127
2. 주민의 역량을 강화하기 위한 학습공동체가 필요하다 ·········· 135
3. 경제공동체는 목표가 뚜렷해야 한다 ·········· 149
4. 결국, 마을은 나눔공동체를 지향한다 ·········· 170

제4장 마을발전을 위한 방향 잡기 ·········· 186

1. 10년 후의 시나리오 ·········· 187
2. 사람이 들어와 살고 싶은 마을의 조건 ·········· 192
3. 첫째도 관계, 둘째도 관계이다 ·········· 200
4. 안으로부터의 힘이 중요하다 ·········· 207
5. 마을은 도시의 무릉도원이 될 수 있다 ·········· 212

제5장 마을발전을 위한 지방정부의 역할 ·········· 222

1. 마을을 왜 지원해야 하는지를 분명하게 인식하라 ·········· 223
2. 우리 지역에 맞는 판을 짜라 ·········· 228
3. 유능한 전문가를 모셔라 ·········· 239
4. 단기 성과에 집착하지 마라 ·········· 244
5. 마을 자체의 힘을 믿어라 ·········· 247

EPILOGUE 마을을 다시 일으키는 힘 ·········· 251

INTRO

지금 마을에서는

지금 내가 사는 우리 마을은 어떤 모습인가?

혹시 지금부터 이야기되는 상황과 같은 모습은 아닌가?

필자가 그간 마을을 다니면서 보고 들은 상황을 다섯 가지 장면으로 압축하여 소개한다. 각 상황은 지역별로 다소 차이는 있을지라도 어느 마을에서나 일어날 수 있는 모습이라 생각한다. 혹시 우리 마을은 어떠한지 비교해 보자.

상황 1. 이사 온 사람이 마을 일에 협조하지 않아요

상황 2. 내 나이 환갑인데 우리 동네 막내입니다

상황 3. 이사 온 사람을 호구로 아나?

상황 4. 이장을 왜 맡아서 고생을 사서 하나?

상황 5. 체험 마을은 왜 해서 갈등을 만들었나?

상황 1. 이사 온 사람이 마을 일에 협조하지 않아요

 마을 뒤에는 병풍처럼 산이 펼쳐져 있어 새소리가 끊임없이 들려오고, 마을 앞으로는 맑은 물이 흐르는 자그마한 도랑이 있어 사람 살기 좋은 곳이라는 소리를 늘 들어왔던 수도권에 인접한 아름다운 마을 '대한리'.
 전체 마을 주민이라고 해야 20여 년 전에는 40가구가 조금 넘는 규모였던 '대한리'는 어느새 100가구에 육박하는 주민이 거주하는 마을로 변모하였다. 늘 40여 가구가 살던 마을이 불과 20년 사이에 60여 가구가 새로 들어와 살게 된 것이다.
 그것도 1년에 1~2가구가 전입을 한 것이 아니라 급작스럽게 가구가 늘어나다 보니, 마을은 어느새 이장도 모르는 사람들이 오가는 동네로 바뀌어 버렸다. 하다못해 과거에는 전입을 오면 이장에게 전입 확인도장을 받는 제도가 있어 일면식이라도 익힐 수 있었지만, 지금은 그런 제도도 사라지고 인터넷으로 전입을 하는 세상이 되다 보니 마을 주민들끼리도 모르는 사람들이 태반이 되어 버렸다.

 이런 마을의 이장을 보고 있는 '나성실' 씨는 요즘 고민이 많다.

마을 주민이 늘어난 것은 분명 반길 일인데 한편으로는 마냥 반길 일만은 아니기 때문이다.

작년 연말 마을총회 때의 일을 떠올리면 나 이장은 아직도 울화가 치밀어 오르는 것을 참을 수가 없다. 마을총회는 연말에 대다수 주민이 모여 마을 대소사를 정리하고 한 해를 결산하는 의미깊은 자리로, 회의도 하고 식사도 하며 정을 나누는 자리이다. 한데 작년 총회는 산자락에 이사 온 김 씨 때문에 한바탕 소동이 일어나서 즐거운 자리만은 아니었다.

솔직히 나 이장은 김 씨가 이사 온 후, 몇 번 본 적도 없다. 김 씨가 처음 집을 짓고 이사 온 후, 전입자 거주확인을 위해 방문했던 것이 첫 번째 만남이었다. 그런데 그때부터 나 이장은 김 씨에 대해 인상이 좋지만은 않았다. 얼핏 보아도 돈 좀 들였을 것 같은 새로 지은 주택의 초인종을 누르자, 나와 보지도 않고 "누구요?" 하고 인터폰으로만 퉁명스럽게 대답한 것 자체부터가 마음에 들지 않았다. 마을의 이장임을 밝히고 거주자 확인을 위해 왔다고 방문한 이유를 밝혔는데도, 쉽게 현관문을 열어주지 않았던 그가 마음에 들 리 없었다.

이렇게 첫인상이 좋지 않았지만 그래도 주민이기에, 그 후 마을에서 진행하는 마을행사에 참여를 권유하고 소식을 알리기 위해 노력했다. 하지만 그때마다 건성으로 대답하고 한 번도 얼굴을 비친 적이 없었던 김 씨였다.

그런데 작년 연말 총회장에 나타나서는 상정된 안건에 대해 사사건건 시비를 걸기 시작하는데 속에서는 천불이 날 지경이었다. '마을에서 회비는 왜 거두느냐?', '마을 상수도는 왜 진작에 알려주지 않았느냐, 그래서 지하수 파는 비용만 낭비하지 않았느냐?', '마을 임원은 어떻게 뽑길래 마을 운영이 이렇게 엉망이냐' 등등 사사건건 시비를 거는 소리를 해서 나 이장의 심기를 불편하게 하였다. 하지만 이런 김 씨의 태도에도 예전부터 마을에서 살았던 주민들은 대부분 연세가 많아서 그런지 조용히 눈치만 보았다. 더구나 새로 이사 온 몇몇 세대의 주민들이 오히려 김 씨의 말에 맞장구를 치자, 더욱더 의기양양해진 김 씨의 꼬투리 잡기는 결산 때까지 이어졌다.

드디어 참다못한 나 이장이 큰소리를 내고 말았다.

"아니, 평소에는 마을 일에 코빼기도 안 비치더니 뭘 아신다고 사사건건 시비를 그렇게 거십니까?"

"당신이 마을 청소할 때 한 번이라도 얼굴을 비쳤습니까?, 아니면 어르신 모시는 초복 행사에 찬조하기를 했습니까?"

"마을행사에는 참석을 전혀 하지 않아 놓고서는 그런 이야기를 하는 겁니까?"

"이 자리는 개인의 불만을 이야기하는 자리가 아니라 마을의 1년을 결산하는 자리입니다. 그러니 그런 이야기는 나중에 따로 하십시오."

이처럼 나 이장이 격양된 목소리로 화를 내자, 그제야 주위의 어르신들도 그에 동조해서 가까스로 총회를 마무리할 수 있었다.

'대한리' 마을은 과거 단합이 잘되기로 소문난 마을이었다. 면민의 날 행사에는 단합된 힘으로 여러 번 우승을 한 적도 있었다. 그래서 면사무소에서도 대한리 행사에는 늘 관심을 보였고, 면장도 마을행사에 빠짐없이 참석할 정도였다. 이 모두가 마을 주민들이 단합하여 살기 좋은 마을로 정평이 나 있기 때문이라고 나 이장은 생각하고 있었다. 하지만 지금의 대한리는 과거의 단합된 마을의 모습을 점점 잃어가고 있으며, 오히려 기존 주민들과 이사 온 주민들과의 갈등이 심해지는 현상을 보여주고 있다.

얼마 전에도 이사 온 사람이 자신의 땅을 측량해보더니, 도로부지가 자신의 땅에 들어가 있다고 하여, 주민들이 다니지 못하게 펜스를 설치한 적이 있었다. 나 이장은 그 문제를 해결하기 위해 한참을 골머리를 앓아야 했다. 심지어는 이사 온 누군가가 군청에 동네 주민들이 불법으로 소각을 한다고 민원을 넣어, 여러 번 소동이 일어난 적도 있었다. 주민들에게 회의 때마다 불법소각을 하지 말라고 당부를 했지만, 연세가 있는 어르신들의 행태를 바꾸기에는 역부족이었다. 이래저래 나 이장은 요즘 심경이 복잡하다.

'과거 우리 대한리는 정말 주민들이 서로 도와가며 오순도순 살아가는 정겨운 마을이었는데 어쩌다 이런 지경에 이르렀을까?'

나 이장은 이런 자괴감이 수시로 들곤 한다. 마을 이장으로서 그래도 최선을 다하고 싶지만, 도대체 어떤 방법으로 이 난국을 타개해야 할 것인가 고민이 깊어가는 나날이다.

상황 2. 내 나이 환갑인데 우리 동네 막내입니다

 면 소재지에서 차를 타고 30분을 더 가야 닿을 수 있는 시골 마을인 '민국리'는 농사를 주업으로 하는 마을이다. 마을 전체 주민이라고 해야 30여 가구에, 혼자 사는 어르신들이 많아서 주민 수는 겨우 50명 남짓인 작은 마을이다.
 마을에서 청년회장 일을 보고 있는 정 씨가 초등학생일 때만 하더라도 꽤 큰 마을이었다. 같은 초등학교 학생들이 10여 명 정도 있었고, 중학교와 고등학교에 재학 중인 자녀를 둔 집도 여러 가구 있었다. 그때는 전체 마을 가구 수가 80여 가구 정도였고, 주민들의 연령대도 다양하게 분포되어 있었다. 하지만 세월이 흐르면서 자녀들이 도시로 떠나고 난 지금은 마을 주민 대부분이 어르신들로 채워져 있었다.

 이러한 사정은 정 씨네 집도 마찬가지였다. 2남 1녀를 둔 정 씨는 작년에 막내딸을 결혼시키면서, 이제 마을에는 오로지 두 부부만이 살고 있다. 자녀들이 도시에 기반을 잡고 살아가고 있는 사정은 다른 집들도 마찬가지여서, 마을은 명절이 되어야만 겨우 아이들 소리를 들을 수 있었다. 사정이 이렇다 보니 평소의 '민국리'는 노인들만 사는 동네가 되어 버렸다. 오죽하면 올해 환갑을 맞은 정 씨가 마을에서 가장 젊은 사람이어서, 아직도 막내로 불리는 웃지 못할 상황이 되었을까. 하지만 이러한 사정은 이웃 마을들도 마찬가지이다. 마을 주민 평균연령이 60대를 넘긴 마을들이 부지기수가 되어버린 것이 오늘날 농촌의 현실이다.

마을 사정이 이러하다 보니 정 씨가 청년회장을 맡아보고 있다. 마을 청년회라고 하여 보았자 과거와는 비교가 되지 않을 정도로 회원도 거의 없지만, 그래도 명분은 유지해야 한다는 어르신들의 의견에 따라 어쩔 수 없이 정 씨가 청년회 일을 보게 되었다. 명칭도 청년회라 하기에는 겸연쩍은 부분이 있어 임원회의에서 청·장년회로 이름을 고쳐 부르기로 하였다. 회원 자격도 70세 이하는 가입할 수 있도록 하여 명맥을 이어가도록 했다. 하지만 청·장년회장의 역할이라고 해봐야 마을 임원회의 참석이 거의 전부라 할 정도여서 이장의 부탁으로 새마을지도자의 감투까지 맡게 되었다.

이래저래 정 씨는 마을 이장을 보고 있는 두 살 위의 김 씨와 함께 마을의 미래에 대해 걱정이 많다. 마을 대청소나 제초작업에도 나올 사람이 없어 대부분 60대를 중심으로 마을 일을 하는 것이 현실이다. 이러다 보니 20~30년 후에는 마을에 사는 사람이 아예 없어서, 마을 자체가 사라지는 것이 아닐까 하는 걱정을 이장과 함께 술 한잔하며 이야기하곤 했다.

이런 마을의 현실을 반영하듯 작년 겨울에는 옛날 같으면 상상하지도 못할 일이 벌어져서, 마을 주민 모두가 안타까워한 적이 있었다. 회관에서 가장 멀리 떨어진 집에 살던 박 할아버지가 추운 겨울날 마당에서 넘어지면서 크게 다친 일이 발생한 것이다. 정 씨는 그때 일을 생각하면 지금도 아찔한 기분이 들곤 한다. 할머니를 2년 전에 여읜 박 할아버지는 연세가 85세임에도 불구하고 늘 정정함을 자랑하는 분이었다. 홀로 살면서도 마을 일에도 열심히 참여하고, 농사도 지어 도시의 자식들에게 보내줄 정도로 근력이 좋은 분이었다.

그런데 작년 겨울 유난히 추웠던 어느 날, 마당에 고인 물이 얼어 빙판으로 바뀐 걸 미처 알지 못하고, 집을 나서려다 그만 넘어진 것이었다. 박 할아버지 말에 의하면 미끄러지면서 순간적으로 의식을 잃었다고 한다. 그러다가 깨어보니 마당에 누워있는데 몸을 꼼짝을 할 수가 없어서 '아이고, 이제 이대로 죽는가 보다'라고 생각했다고 한다. 핸드폰도 챙기지 않고 집안에 두고 온 터라 어찌해 볼 도리가 없던 차에, 마침 지나가던 정 씨가 발견하여 응급실로 갈 수 있었다.

그 일이 있고 난 뒤 정 씨는 작년 겨울 동안 혹시나 회관에 나오지 않는 어르신이 있으면, 집을 둘러보는 것을 일과로 삼게 되었다. 그리고 마을에서는 대책회의를 통해 어르신들의 자녀 비상연락망을 확보하기도 하였지만, 여전히 걱정되는 것은 어쩔 수가 없다.

갈수록 근력이 약해지는 어르신들을 보면서, 겨울철 회관에 모여 같이 식사하는 것도 언제까지 할 수 있을지 걱정이 앞설 뿐이었다.

 마을에서 봄, 가을이면 다녀오던 마을 관광도 이제는 봄철 관광 한 번으로 줄였다. 참석인원도 갈수록 줄어들고 있는 현실을 생각하면, 답답하기 그지없는 노릇이다. 노인회에서도 이제는 관광을 가지 말고 차라리 회관에서 맛있는 음식을 먹는 것으로 대체하자는 소리까지 나오고 있다.

 이러한 사정은 이웃한 마을들도 마찬가지여서 청년회가 사라진 마을도 많고, 마을 이장을 볼 사람이 없어서 10년 이상을 같은 사람이 이장을 보고 있는 경우도 많다. 부녀회 회원들도 이제는 나이가 들어 대부분이 70대가 되었고, 그나마 60대가 있으면 다행이라고 할 정도가 되어 버렸다.

 사정이 이렇다 보니 마을에 농사를 짓지 않고 놀리는 땅은 갈수록 늘어가고, 그나마 있는 논도 이제는 힘에 부쳐 인삼밭으로 빌려주고 있는 경우가 많아지고 있다.

 그렇다고 도시에 터전을 두고 있는 자녀들에게 마을의 사정이 이렇게 딱하니 마을로 들어와서 살라고 할 수도 없는 노릇이라 앞날은 암담하기만 한 상황이다.

 이래저래 정 씨는 향후 20년 후, 자신이 80이 되는 때의 '민국리'는 사람 사는 온기가 사라진 마을, 그런 마을이 현실로 다가올 것 같아 서글퍼지기만 한다.

상황 3. 이사 온 사람을 호구로 아나?

 수도권에서 교사로 정년퇴직을 한 마 씨는 오랫동안 꿈꾸어 왔던 전원생활을 위해 산세 좋고 공기 좋은 '시골리'로 이사를 왔다. '시골리'로 귀촌을 결심하기까지 마 씨가 겪어야 했던 과정은 책으로 써도 한 권은 될 만큼 파란만장한 일들이 많았다.
 마 씨는 서울에서 태어나 학창시절을 도시에서 보냈고, 교사생활 시절 잠시 농촌학교에서 근무해 본 경험이 있지만, 대부분의 교편생활을 도시에서만 했던 전형적인 도시 사람이다. 하지만 나이가 들어가고 은퇴가 가까워질수록 각박한 도시 생활에 회의가 들기 시작했다. 사각의 틀로 지어진 아파트 공간이 답답하게 느껴지기 시작했고, 탁한 도시의 공기가 싫어지기 시작하였다. 이렇게 도시 생활에 싫증이 나기 시작하자, 자연스럽게 그의 관심은 전원생활로 옮아가게 되었다.
 그래서 텔레비전이나 잡지 책에서 전원생활의 매력을 소개할 때, 마 씨는 '나도 은퇴하면 전원에서 살고 싶다'라는 생각을 50대 중반부터 가지게 되었다. 그러다가 퇴직을 3년 남겨둔 시점부터 본격적으로 전원생활의 꿈을 그리기 시작했다. 그래서 틈만 나면 자료를 수집하고 필요한 자금은 어떻게 조달할지 꼼꼼하게 설계해

보았다.

 먼저 귀촌 관련한 강좌가 있는지를 살펴보고, 그러한 강좌는 시간이 허락하는 한 열심히 다녔다. 그리고 가장 중요한 아내의 동의를 얻기 위해, 귀촌 지역을 물색하러 여행을 갈 때는 반드시 아내와 함께 다니곤 하였다. 그동안 마 씨와 아내가 함께 가본 지역만 하더라도 30곳이 넘을 정도로 정말 열심히 돌아다녔다. 결국, 이러한 마 씨의 노력에 아내도 퇴직 후의 전원생활에 동의하였고, 지금은 같이 '시골리'로 내려와 전원생활을 함께하고 있다.

 하지만 지금의 시골리로 귀촌을 결심하게 된 과정도 쉽지만은 않았다. 열 번도 넘게 확인을 하고 현장에 와 보았으며, 이 마을이 가진 경관과 토지가격, 수도권과의 거리 등을 꼼꼼히 따져 본 후 마침내 정착을 결심하였다. 그리고 나서도 약 2년에 걸친 집 짓기 공사 끝에 마침내 꿈에 그리던 전원생활을 시작하게 된 것이다.

 그런데 이렇게 철저하게 준비한 마 씨에게 생각지도 않은 일들이 일어나기 시작했다. 집짓기 공사를 막 끝내고 전원생활에 필요한 마무리를 하고 있을 때, 누군가의 방문이 그 시작이었다. 그는 자신을 마을의 이장이라고 소개했다. 그러면서 우리 마을은 새로 이사를 오게 되면 마을에 발전기금을 내놓아야 한다고 하였다. 이는 예전부터 있어왔던 관행이니만큼 협조를 해주었으면 좋겠다는 말을 하는 것이었다. 그래서 얼마를 내야 하냐고 질문을 하자, 그

건 내는 사람의 마음이라는 아리송한 말을 남기고는 돌아가는 것이었다.

이 일이 있고 나서 마 씨는 황당한 마음을 감출 수가 없었다. '아니 세상에, 발전기금이라니?' 귀촌을 준비하면서 생전 들어보지도 못한 이야기를 처음 들었던 것이며, 마치 이사 온 사람에게 돈을 뜯어내려는 수작처럼 느껴졌기 때문이다. 그래서 마 씨는 자신보다 2년 전에 이 마을에 이사와 사는 세 살 위의 윗집 김 씨에게 가서 물어보았다.

"형님, 이장이라는 사람이 찾아와서 난데없이 발전기금을 내라고 하네요. 형님도 이사 와서 내셨어요?"

"아, 그거. 나도 냈지."

"아니, 그거 내야 하는 겁니까?"

"뭐 내고 싶지 않다면 안 내도 되지만, 그러면 앞으로 마을에서 자주 마주칠 텐데 좀 그렇지 않겠어?"

"아니, 지금 시대가 어느 시대인데 발전기금이라뇨? 저는 처음 들어보는 말이라 황당하네요."

"뭐 어쩌겠어. 우리가 이 마을에 이사 왔으니 이 마을의 법을 따라야 하지 않겠어."

"그래서 형님은 얼마나 내셨어요? 이장은 알아서 내라고 말하던데."

"나는 여기저기 물어보니까 이백은 내야 할 것 같아서 이백만 원냈지."
"그럼, 돈 내시고 영수증은 받으셨어요?"
"에이, 영수증은 무슨…, 그런 거 없어!"

윗집 김 씨와 이야기를 나누고 돌아온 마 씨는 다시 한번 고민에 빠졌다. 이백만 원이 적은 돈도 아니고 더구나 영수증도 주지 않는 다니 찜찜한 마음이 들었다. 혹시 이장이라는 사람이 그 돈을 혼자서 써버리는 것은 아닌가 하는 의심마저 들었다.

그리고 결국 이 이야기를 아내에게 꺼냈다가 오히려 자기보다 더 화를 내는 바람에, 이 사태를 어찌 수습해야 할 것인지 고민만 더 깊어졌다. 눈 딱 감고 한번 내버리면 그만이지라는 생각도 들지만, 한편으로는 이게 끝이 아니라 앞으로도 돈을 달라고 하는 사태가 자꾸 일어날 것 같다는 생각도 들었다.

그토록 오랫동안 준비해 온 전원생활의 꿈이 이런 일로 처음부터 기분을 잡치게 될 줄은 몰랐던 탓에, 마 씨의 첫 전원생활은 우울하게 시작되었다. 게다가 복잡한 도시를 떠나 인심 좋고 조용한 시골에서 마음껏 자연을 만끽하며 살 수 있다고 아내를 설득했던 자신이 처음부터 체면을 구긴 것 같아 한없이 비참하게 느껴졌다.

오늘도 새소리와 함께 아침을 시작하였지만, 마 씨는 어제의 새소리가 오늘의 새소리가 아닌 것으로 느껴지고 있다.

상황 4. 이장을 왜 맡아서 고생을 사서 하나?

아침부터 마을의 이장인 박 씨는 정신이 없었다. 면에서 하는 월례 이장회의에 참석하고 점심을 먹고 나니, 군청 농업기술센터에서 친환경농업 관련 회의가 있었고, 그 회의 후 바로 이어서 농협에서 대의원회의가 개최되었기 때문이다. 온종일 회의에 참석하고 나서 집으로 돌아와서 잠시 숨을 돌린 박 씨는 저녁 식사를 하고 이번에는 마을 임원회의를 해야 했다. 임원회의도 일주일 전에 소집해 놓은 것이라 무거운 몸을 이끌고 박 이장은 마을회관으로 향했다.

그러나 회관으로 향하는 박 이장의 등 뒤에 대고 아내는 "아이고 바쁘셔서 좋으시겠어요. 저렇게 밖으로만 도니 우리 농사는 언제 하려나 몰라?"라고 염장을 지르는 말을 퍼부었다. 물론 아내의 성화가 당연한 걱정이긴 했지만, 그래도 온종일 힘들게 밖에서 일하고 온 사람에게 할 소리는 아닌 것 같아서 자기도 모르게 버럭 소리를 질렀다.

"누구는 이러고 싶어서 이러는 줄 알아. 동네 일을 맡았으니 어쩔 수 없는 거 아닌가. 누가 보면 내가 맨날 놀러 다니는 줄 알겠네."

애꿎은 아내에게 화를 내고 나왔지만, 회관으로 가는 발걸음이 가볍지는 않았다. 어서 회의를 마치고 집에 가서 쉬고 싶은 마음뿐이었다. 회의 시간인 7시에 맞춰 10분 전에 회관에 도착하니 아무도 와 있지 않았다. 노인회장, 부녀회장, 총무, 새마을지도자, 개발위원 4명에 이장까지 총 9명인 마을 임원 중 이장인 자신이 가장 먼저 도착한 것이다. 회관 현관이 어지럽혀 있어서 빗자루를 들고 간단하게 청소를 마치자, 어느새 시간은 7시 5분이 되어 있었다. 하지만 이때까지도 아무도 나타날 생각을 하지 않는 것이었다. 기다리다 지친 이장은 총무에게 전화를 걸었다.

"총무님, 회의 시간이 7시인데 아무도 오시질 않네요. 연락을 오전에 한 번 더 하지 않으셨나요?"

"네? 저는 이장님이 하실 줄 알고 안 했는데요."

"뭐라고요? 아니 임원에 대한 연락은 총무님이 해주셔야지. 어쨌든 알겠고요. 지금 어디세요?"

"아, 예. 저 이제 막 저녁 먹고 나가려고 하고 있습니다."

"알았어요. 빨리 오세요."

총무와 통화가 끝난 후, 이장은 화가 났지만 다른 임원들에게도 전화를 돌리기 시작했다. 그런데 일주일 전 오늘로 회의 날을 정한 것을 지금 들었다는 듯이 반응하는 임원들의 대답에 다시 화가 치밀었지만, 어찌할 수 없다는 마음에 빨리 오라고 독촉을 하고는 전화를 끊었다.

마침내 이장이 회관에 도착한 지 40분이 지난 7시 30분에야 임원들이 하나둘 모습을 비치기 시작했다. 그런데 개발위원인 고 씨는 어디서 술을 한잔하고 왔는지 술 냄새를 풍기며 들어 왔다. 어쨌든 9명의 임원 중 7명이 참석하였으므로 회의를 시작하였다. 회의 안건은 이장단 월례회의에서 나온 사항의 전달과 최근 잦은 민원이 발생하고 있는 농협 지원 비료의 분배에 관한 문제였다. 먼저 월례회의 내용의 전달을 마치고 비료분배 문제 안건을 논의하려 할 때였다.

 술을 마시고 참석한 개발위원 고씨가 갑자기 이장의 말을 자르며 본인이 말을 하기 시작했다.

 "거 이장님. 그 문제는 논의할 필요도 없는 거 아닙니까? 농지원부가 있는 농가 경영체 등록된 사람들에게 나오는 비료인데 농지 원부도 없는 사람들이 왜 자꾸 비료를 나누어 달라고 합니까?"

 사실 개발위원 고 씨는 마을의 전전 이장이었다. 나이로는 박 이장보다 다섯 살 선배이기도 하였다. 마을 일을 본 경험이 있어 개발위원을 보아 달라고 부탁하여 임원으로 참석하고 있는 것이었다. 그런데 박 이장이 상정한 이번 안건은 본인이 이장을 볼 때도 주민들 사이에 불화가 생기지 않도록 조정하여 비료를 나누어 준 적이 있었다. 그런데도 저렇게 어깃장을 놓는 심보가 박 이장은 이해가 되지 않았다.

 "아니, 형님. 이 문제는 이전에도 농가 위주로 배분을 하였다가, 텃밭을 일구는 주민들이 그래도 좀 나눠주었으면 해서 다시 배려해주었던 사안이잖아요. 이번에도 그래서 어떤 방식으로 나누어 주면 좋을지 임원회의에서 정하자고 하는 것 아닙니까?"

"그래서 나누어 줄 때 그 양반들이 뭐 고마워하기나 했나? 오히려 이제는 당연한 것처럼 내놓으라 하니, 이건 뭐 적반하장격 아닌가. 어쨌든 나는 나누어 주는 건 반대일세."

"아니 지금 나누어 주고 안 주고의 문제가 아니잖아요. 어떻게 나누어 줄지를 이야기하자는데 주지 말자고 하면 어떻게 합니까? 이 문제는 저번 회의에서 이미 나누어 주기로 결론을 내린 것 아닙니까. 다시 주지 말자고 하면 저번 회의는 뭐가 됩니까? 그때 형님도 분명히 나누어 주자고 했고요."

"아, 몰라. 난 어쨌든 주지 말자고 하는 쪽이야. 그 양반들 하는 행태를 보면 나누어 주고 싶은 마음이 생기지도 않아. 다른 사람들도 얘기해 봐요. 노인회장님, 안 그렇습니까?"

이번에는 가만히 있던 노인회장을 끌어들이려 하고 있다. 박 이장은 결국 1시간 30분 넘게 회의를 했음에도 결론이 나지 않자 다음에 다시 이야기하기로 하고서는 회의를 마쳐버렸다. 이렇게 결론도 없는 회의를 마치자, 박 이장은 뭘 하려고 회의를 소집했나 싶은 생각이 들었다. 임원회의를 해도 늘 늦게 나타나고, 심지어는 술까지 먹고 회의에 참석하고, 몇 시간을 이야기해도 결론도 나지 않는 마을 임원회의가 필요할까 하는 의구심마저 들었다.

집으로 돌아오는 박 이장은 임원들의 비협조적인 태도와 아내의 못마땅해하는 태도에 괜히 마음이 울적해졌다. '에고, 내가 이렇게 살려고 이장을 맡았나?' 하는 생각이 절로 드는 밤이다.

상황 5. 체험 마을은 왜 해서 갈등을 만들었나?

 수도권에서 멀리 떨어져 있지 않은 농촌 마을인 '체험리'는 농촌체험마을이다. 매년 만여 명의 체험객들이 마을을 방문하고 있어, 체험 마을로는 꽤 이름이 알려져 있다.
 봄이면 유치원생들의 딸기 체험부터 여름이면 물놀이 체험과 가을이면 고구마 캐기 체험, 겨울이면 빙어낚시 체험 등 다양한 프로그램을 개발하여 인기를 끌고 있다. '체험리'가 농촌체험마을로 인증을 받은 것은 지금으로부터 약 10년 전의 일이었다.
 당시 마을 이장을 보던 장씨가 농업기술센터 교육을 갔다가 농촌체험마을을 운영하는 마을을 견학하고 와서는, 우리 마을도 할 수 있다며 시작한 것이 오늘까지 이어지게 된 것이다. 시작할 때에는 반대하는 사람들도 있었지만, 참여한 사람들에게 일거리가 생기고 소득이 생기자 그런 반대는 없어졌다.
 하지만 요즈음 마을에서는 체험 마을 운영에 대한 전혀 다른 갈등들이 생겨나고 있다. 이는 사실 예전부터 예견되어 온 일이지만, 이제야 불거진 것이 이상할 정도로 그동안은 덮어왔던 일이기도 하였다. '체험리'는 예전부터 농업을 주업으로 하는 작은 마을이었다. 농업을 주로 하였다고는 하지만, 농지가 많은 것도 아니어서 늘 주민들의 삶은 고달팠다. 그런 동네여서 모아 둔 기금도 변변하게 없어 처음 시작할 때도 어려움이 많았다. 정부의 농촌체험마을 지원사업을 따와서, 이를 바탕으로 마을에 체험관도 짓고 체험을 할 수 있는 시설을 갖추게 된 데에는 처음 시작할 때 이장을 맡았던 장 씨의 공이 컸다고 할 수 있다.

 지금도 장 씨는 체험 마을 위원장을 맡아 열심히 일하고 있다. 그런데 지금 마을에서 나타나고 있는 갈등은 크게 세 가지로 볼 수 있다. 첫 번째는 체험 마을 위원장인 장 씨에 대한 것이며, 두 번째는 체험 마을사업에 참여한 주민과 참여하지 않은 주민 간의 갈등이고, 세 번째는 체험 마을사업에 참여한 사람들 간의 갈등이다.

 먼저 체험 마을 운영위원장인 장 씨에 대한 주민들의 험담은 당사자인 장 씨를 매우 곤혹스럽게 하는 것이었다. 마을 주민들이 아무도 몰랐을 당시 이 사업에 처음 눈을 뜨고 마을에 도입하느라 고생한 것은 안중에도 없었다. 그렇게 고생을 하며 체험 마을 운영을 정상궤도에 올려놓자, 장 씨를 둘러싼 온갖 험담들이 말 만들기 좋아하는 사람들 입에서 나오기 시작한 것이다. 처음 한두 번은 장 씨도 '그러다 말겠지' 하는 심정으로 흘려서 듣고 말았다. 그런데 시간이 지날수록 정도가 심해지더니 일부에서는 동조하는 분위기마저 생기는 것이었다.

"저번에 보니까, 장 씨가 차를 바꾸었던데 도대체 무슨 돈으로 바꾼 거야?"

"그러게 말이야. 그 사람 막내딸 출가시키느라 수중에 가진 돈도 별로 없을 텐데."

"우리 마을에 정부 지원사업 들어 온 2년 전에는 집수리를 했잖아. 그때는 또 무슨 돈이 있어 수리했는지 몰라."

"요즘에는 마을에도 잘 붙어있지 않고 밖으로만 쏘다니던데 수상한 것이 한두 가지가 아니야."

"막말로 농사지어서 나오는 수입이야 우리나 장 씨나 별반 차이가 없을 텐데, 혹시 무슨 딴 주머니가 있는 거 아니야?"

이런 소리를 마을 주민들의 입에서 들어야 하는 장 씨는 참으로 복장이 터질 노릇이었다. 그렇다고 일일이 찾아다니며 해명을 하자니 자기 꼴만 우습게 되는 것 같았다.

더 놀라운 것은 처음 체험관을 지을 당시에 마을 땅이 없어서 사업을 반납할 위기에 놓이자, 주민들이 사정하여 장 씨의 사유지에 체험관을 지었는데, 이제는 그것을 몇몇 사람이 문제 삼기 시작한 것이다. '마을부지가 아닌 개인의 땅에 건물을 짓게 되면, 일정 기간이 지난 후에는 마을 소유가 아닌 장 씨의 소유로 바뀌기 때문에, 처음부터 사업을 잘 아는 장씨가 의도적으로 자기 땅에 지었다.' 또는 '처음부터 계획적으로 모든 것을 장씨가 아무것도 모르는 우리를 이용한 것이다' 등의 말이 떠돌기 시작하였다. 이에 장 씨는 억울한 마음을 감출 수가 없었다. 사정을 봐 달라고 애원할 때는 언제고 이제는 자신을 이기적인 사기꾼으로 몰아가고 있는 마을 사람들에 대한 실망감이 너무나 컸다.

두 번째 마을 갈등은 체험 마을사업에 참여한 사람들에 대해 참여하지 않은 사람들이 불만 사항을 터트리기 시작한 것이다. 이는 마을사업이 잘 안 될 때는 별 불만이 없다가, 사업이 자리 잡기 시작하면서 체험객들의 마을 방문이 늘어나면서부터 시작되었다. 특히 마을에서 산 지가 오래되지 않은 사람들이 많은 불만을 제기하였다.

"체험객들이 마을에 자꾸 오니까 시끄러워서 못 살겠다."
"그 사람들이 와서 마을 환경만 나빠지고 있다."
"나는 조용한 전원생활을 위해 여기로 이사 왔는데 체험객들 때문에 조용한 전원생활이 방해받고 있다."
"마을사업을 하는 것은 이해하지만 참가한 사람들만 돈을 벌고, 우리처럼 참가하지 않는 사람들은 불편을 감수하는 대가가 무엇이냐?"

이러한 불평들이 터져 나오며 체험사업에 참여하지 않는 주민들이 회의적인 시각을 드러내는 것이 심해지고 있었다. 물론 이 마을에서는 거주 주민 누구나 언제든지 본인이 희망하면 협동조합에 가입하여 체험사업에 직접 참여할 수 있다. 하지만 이들은 참여를 권유해도 참여하지 않으려는 사람들이 대부분이었다. 그러면서 마을사업에 대해 제동을 수시로 걸고 있다.

  세 번째는 체험사업에 참여한 사람들 간의 갈등으로 심각한 문제가 되고 있었다. 마을사업에 참여하게 되면 자신들이 참여한 만큼 일당을 정산하여 지급 받고 있는데, 아주 세세한 부분까지는 정해 놓지 않았기 때문에 간혹 시비가 생기곤 하는 문제였다. 예를 들면 아침 9시부터 시작인데 30분 늦게 출석한 사람이나, 혹은 체험이 끝나기 이전에 급한 일이 생겨 1시간이나 30분 전에 먼저 자리를 비운 경우에도 같은 일당으로 쳐서 지급한 것이 화근이 된 것이다. 또 같은 시간 동안 근무를 하였어도 일을 열심히 하지 않는 사람에게 같은 임금을 지급하는 것을 두고서도 시비가 생겨났다. 그야말로 돈 문제로 참여한 사람끼리 얼굴 붉히는 일이 과거보다 훨씬 증가한 것이다.
  여기서 그친다면 원칙을 다듬어서 해결을 해 나갈 수 있겠지만, 주민들이 돈에 대한 집착이 점점 강해져서 갈수록 이기적인 행태를 보이는 것이 큰 문제였다. 처음부터 마을을 살리고자 시작한 일이 이제는 마을을 갈라놓는 결과를 낳고 있어서, 처음 사업을 시작하였던 장 씨는 이 문제를 어떻게 할 것인가를 두고 고민에 빠졌다.

이상 다섯 가지 사례를 제시하였다. 사례를 읽으면서 우리 마을 사정과 어쩜 그리도 똑같냐고 생각하는 분들도 있을 것이다. 마을마다 사정이 다르고, 사는 주민들도 다르므로 이러한 사례는 엄청나게 다양할 수 있다. 실제로 필자가 현장에서 마을을 컨설팅하면서 접한 사례들은 훨씬 복잡한 사례들이 많았다. 하지만 유형별로 구분해보면 결국 앞에서 제시한 다섯 가지의 사례를 대표사례로 할 수 있어서 제시해 보았다.

자, 그럼 이제 어떻게 할 것인가? 앞에서 제시한 것처럼 현상은 나타났는데 어떠한 방법을 통해야 이것을 해결할 수 있을 것인가? 명쾌한 해답은 없는 것인가?

유감스럽지만 한 방에 바로 해결할 방법은 결론적으로 없다. 그러나 실망하지 마시라. 사람 사는 세상에 해결하지 못할 일이 있겠는가? 지금부터 차근차근 해결해보자. 그리고 이러한 문제의 해결을 위해 먼저 마을발전의 기본이 무엇인지를 알아보도록 하자.

제1장

마을도 운영의 기초가 있어야 한다

마을은 친목회와는 성격이 다르다. 생활의 터전을 공유하는 지리적 공동체이자 문화를 공유하는 정서적 공동체이기도 하다. 그리고 지금은 그렇지 않은 경우가 많지만, 과거에는 경제적 기반을 공유하기도 하였다. 시대의 흐름에 따라 마을이 가지는 성격도 변하고 있다. 하지만 아직 마을 운영은 시대의 흐름을 따라가지 못하고 있는 경우가 많다.

앞서 제시한 다섯 가지의 사례를 하나씩 해결하기 위해서는 우선 마을 운영을 위한 기본적인 틀을 갖추고 있는지를 점검해 보아야 한다.

이번 장에서는 21세기에 맞는 마을 운영의 틀은 어떻게 갖추어야 하는지를 먼저 살펴본다.

1. 마을을 단체로 등록하자
2. 마을 운영을 위한 정관을 만들자
3. 주민(회원)관리를 하자
4. 일할 수 있는 임원체계를 만들자
5. 마을 운영의 원칙을 정하자

1. 마을을 단체로 등록하자

1) 마을의 환경이 바뀌었다

 마을은 오래전부터 우리 조상들이 삶을 일구고 희노애락喜怒哀樂을 이웃과 함께하며 살아온 공동체의 터전이다. 과거 우리 조상들은 고달픈 삶을 극복하기 위해 상부상조하는 풍습을 만들어 시행하였으며, 그것이 두레와 품앗이의 형태로 마을의 전통이 되었다. 마을의 운영은 대동계大洞契를 중심으로 중요한 의사결정을 하여 왔다. 그래서 지금도 각 마을에는 대동계 혹은 동계洞契, 리중계里中契가 명맥을 유지하고 있는 곳이 많다.

 하지만 시대의 흐름에 따라 마을의 생업이 농업 일변도에서 다양한 직업을 가진 형태로 바뀌게 되었고, 마을의 구성원인 주민들도 씨족 중심에서 다양한 배경을 가진 사람들이 모여 사는 형태로 바뀌게 되었다. 이렇게 마을이 공통의 배경을 가진 사람들에서 다양성을 가진 형태로 바뀌게 되면서 마을의 운영도 상당 부분이 변모하게 되었다. 과거 마을에서 당연시되는 것들이 지금은 지켜지지 않는 관습이 되어 버렸고, 대를 이어 거주하던 주민의 형태가 바뀌면서 결속력도 많이 약화 되었다.

 그러나 이렇게 마을의 환경이 변하였음에도 불구하고 마을의 운영은 여전히 과거의 방식에 머물러 있는 경우가 많다고 할 수 있다. 오래전부터 마을에서 살아온 주민들을 중심으로 마을을 과거의 관습으로 운영하는 형태를 고집하고 있는 경우가 많은 것이다. 이러한 형태를 유지하다 보니 마을 일에 참여하는 사람은 오래 산 주민들 위주이며, 이사 온 사람들은 마을 일에 거의 참여를 하지 않아서 마을 공동체라 부를 수 있을지 의문인 경우도 있다. 새로 이사 온 사람들에게 말로는 마을 일에 참여해 달라고 부탁을 하지만, 그들을 끌어들여 소속감을 느끼게 할 수 있는 제도적 장치는 거의 없는 것이다.

그래서 전입자가 많은 마을의 경우, 연말 마을총회 참석자가 주민의 과반수도 안 되는 상황이 발생한다. 심지어는 마을 전체 주민의 20~30%만이 참석을 하여, 마을의 중요 안건을 논의하고 임원을 선출하며 결산안을 의결하는 곳도 있다.

2) 전통과 인정으로 마을을 운영할 수 있을까?

이러한 현상이 왜 벌어졌을까? 과거 마을에서는 대동회를 한다고 하면, 그날은 마을 전체의 가장 큰 행사이기 때문에 계통문契通文을 돌린다든지, 동제洞祭를 어떻게 지낼 것인지를 준비한다든지, 회의가 끝나면 식사준비는 어떻게 할 것인지를 두고 한참을 논의하며 준비를 했다. 그래서 마을 전체 주민들이 참여하는 마을의 가장 큰 행사로서 손색이 없는 명성을 가지고 있었다.

이렇듯 마을은 대동계를 중심으로 마을의 운영을 어르신들의 중론을 받들어 운영하는 것이 일반적이었다. 그리고 새롭게 누군가 마을에 이사를 오면, 마을 대동계에 가입하는 것이 당연한 절차였고, 심지어 가입도 바로 시켜주는 것이 아니라 일정 기간을 두고, 마을에 잘 어울릴 수 있는 성품인지를 판단하여 가입을 시키는 경우도 많았다.

이렇게 대동계를 중심으로 마을 공동체의 결속력이 강하였던 마을이 산업화의 흐름에 따라 도시로 젊은 층이 떠나고, 마을에 아이들이 태어나지 않게 되면서 인구의 구조가 노년층 중심으로 바뀌게 되었다. 사람들의 의식도 산업화로 인한 경제적 풍요를 바탕으로 편리한 생활을 추구하면서, 과거 우리가 미덕으로 여겨왔던 당연한 가치들의 중요성이 감소하기 시작했다.

전통은 만들기는 어려워도 허무는 것은 한순간이라 하지 않았던가? 도시로 나간 자식들도 경제적 풍요를 최우선 가치로 여기며 경제활동을 추구하는 사회적 풍조로 인해, 과거 마을에서 경험하였던 전통적 가치들을 점점 도외시하며 이를 당연하게 여기기도 한다.

예를 들어 필자가 어린 시절에는 설날에 집안 제사가 끝나고 집안 어른들께 세배를 드리고 나면, 아버지의 손을 잡고 동네 어른들에게 세배를 드리러 다니는 것이 당연한 전통이었다. 하지만 지금은 그런 전통이 남아 있는 마을이 과연 몇이나 되겠는가? 도시에서 자녀들이 명절에 부모님이 사는 동네로 찾아와도 이웃어른에게 세배를 드리라고 권하는 부모가 몇이나 있는가 말이다. 이는 곧 가족 중심의 생활공동체가 일상이 되어, 마을 중심의 생활공동체는 무너진 것의 증거라 할 수 있다. 이러한 상황에서 과연 앞으로의 마을은 어떤 방식으로 복원해 나가야 할 것인가?

3) 지금 시대에 맞는 틀을 갖추어야 한다

우선 마을의 구성원부터 결속력을 다질 수 있는 계기를 만들어야 한다. 그러기 위해서는 먼저 주민들이 구심점을 가질 수 있도록 하는 틀을 만드는 것이 우선이다. 그 틀은 마을이 과거와 같이 인륜과 도덕을 중심으로 한 관습이 지켜질 것이라는 환상을 버리고, 21세기에 맞는 제도적인 틀을 갖추도록 하는 것이 중요하다. 이 말은 마을을 자연적인 모임에서 법적인 단체로 전환하는 것을 의미한다.

마을은 지금까지는 제도적인 틀에서 보면 행정기관인 군이나 혹은 시의 산하에 읍·면이 있고 읍·면에 법정리와 행정리로 존재해왔다. 흔히 우리가 이야기하는 마을은 이 중에서 행정리를 지칭하는 것이다. 그런데 행정리는 지방정부의 행정을 집행하기 위한 분류기준에 지나지 않는다. 다시 말하면 행정리는 행정리 자체로서는 아무런 법적인 지위를 확보하지 못한다는 것이다. 따라서 이러한 행정리인 마을이 법적인 지위를 확보하기 위해서는 법인격을 가지는 단체로 등록이 필요하다. 이는 마을에 법인격을 부여한다는 것이다.

비유를 들자면, 우리는 집안에 어린아이가 태어나면 가장 먼저 병원에서 출생증명서를 발급받아, 읍·면사무소나 동사무소에 가서 출생신고를 하게 된다. 이렇게 하는 이유는 소중한 생명이 태어나는 것은 태어난 자체로 한 사람의 자연인이 탄생한 것이지만, 아직 제도의 틀에 등록이 된 것은 아니므로 법적인 지위를 확보한 것은 아니다. 그래서 출생신고를 통해 자연인인 아기에게 법인격을 부여하는 것이다. 그래야 이 아기가 비로소 대한민국 국민으로서 국가에서 제공하는 권리를 누릴 지위를 가질 수 있다. 출생신고를 통해 주민등록번호를 부여받고, 이를 통해 국민의 권리와 의무를 행사할 수 있는 자격을 지니는 것이다. 마을도 마찬가지이다.

지금까지 마을은 이러한 법인격을 부여하지 않은 상태에서 일종의 친목 모임처럼 운영되는 경우가 대부분이었다. 친목 모임처럼 운영되다 보니 관리도 허술하였고, 공동의 규범도 허술하여 권리와 의무를 주민들에게 전파할 수가 없었다. 그래서 늘 마을의 이장들은 자신들의 어린 시절에 잘 운영되던 마을의 모습을 상기하며 '아, 옛날이여' 하는 탄식만 늘어놓을 수밖에 없었다. 마을 공동체를 복원하고 싶으면, 가장 먼저 해야 할 일은 마을에 법인격을 부여하는 것부터 시작하여야 한다.

4) 마을에 법인격을 부여하기 위한 조건들

마을에 법인격을 부여하는 것은 시간과 노력이 필요한 일이다. 현재 우리나라에서 마을이 선택할 수 있는 법인격의 주요 유형은 ① 마을기업, ② 영농조합법인, ③ 사회적 협동조합, ④ 비영리 사단법인의 네 가지로 구분할 수 있다. 마을에서 추구하는 방향에 따라 법인격을 어떠한 형태로 취할 것인지는 결정하면 된다.

하지만 이에 앞서 우선 마을을 비영리단체로 등록하는 것을 추천한다. 마을의 발전 방향을 명확하게 정하지 못한 상태에서 처음부터 법인격을 취하는 것은 부담이 크기 때문이다. 다행히 국가에서는 비영리단체, 특히 마을을 등록하는 것은 굉장히 간단한 절차로 가능하도록 해 놓았다. 그것은 바로 지역 세무서에 가서 마을에 대한 '고유번호증'을 발급받는 방법이다. 마을은 영리활동을 하는 단체가 아니므로 비영리단체에 부여하는 고유번호증을 발급받을 수 있다. 고유번호증은 법인이 아닌 단체가 세무상 식별번호를 부여받는 제도다.

고유번호증은 비영리단체(비법인 단체)에 사업자등록번호와 유사한 고유의 번호를 부여하여, 세금, 보조금, 행정 업무, 통장 개설 등에서 단체로서의 주체성을 인정받는 제도이다. 이 고유번호증을 통해 이장 명의가 아니라 마을명(예: ○○리 마을회)으로 공식 통장을 만들고, 공모사업 신청, 보조금 수령, 사업비 정산, 회계처리를 단체 명의로 할 수 있게 된다.

다만 여기에는 준비해야 하는 것이 있다. 대표자 신분증, 마을정관, 구성원 명부, 단체 주소 증빙, 단체 대표자 선출 회의록 등이다. 고유번호증 발급을 위해서는 마을의 대표인 이장이 신분증을 지참하고 직접 가는 것이 좋다. 정관을 요구하는 이유는 우리 마을을 단체로 운영하므로 회원은 이렇게 정하고, 운영은 어떻게 하고, 목적은 무엇이고, 임원은 어떻게 선출하겠다 등의 내용을 명확히 해야 하기 때문이다. 대부분의 세무서는 이렇게 마을의 대표인 이장이 직접 방문하여 필요서류(정관)를 제출하면 얼마 지나지 않아 마을에 고유번호증을 발급해 준다.

물론 비영리단체의 등록이 마을에 법인격을 부여하는 것은 아니다. 비영리단체의 고유번호증은 법인격은 아니고 세무상 주체로 식별되기 위한 번호를 부여하는 것이다. 이는 사업자등록번호와 유사한 기능은 하지만, 법률적으로는 권리·의무 주체(법인격)가 아니다. 향후 마을 운영이 정상화되고 보다 발전적인 체계를 갖추는 것이 필요해지면, 정상적인 법인격의 요건을 준비하여 다시 등록절차를 거치면 된다.

여기서 우리가 고려해야 할 점은 이미 마을에 영농조합법인이나 마을기업이 있는 경우의 문제이다. 이미 마을을 대표하는 법인이 있는데 굳이 고유번호증을 발급받을 필요성이 있냐는 문제를 제기할 수 있다.

하지만 필자가 생각하는 개념은 다르다. 마을 주민 전체를 대표

할 수 있는 단체의 성격과 마을사업의 수행을 위해 결성한 조직은 성격이 다르다고 생각한다. 그래서 마을회는 비영리단체인 고유번호증으로 등록하여, 주민 전체가 가입할 수 있는 단체로 성격을 정하는 것이 합리적이다. 사업을 통한 수익의 추구를 목적으로 설립한 영농조합법인이나 마을기업은 주민 전체를 구성원으로 하지 않는 경우가 일반적이다. 따라서 마을회는 수익사업을 수행하는 것을 목적으로 하는 조직보다 상위 개념으로 존재해야 한다. 즉 기업이 국가라는 개념 아래에 있듯이 마을도 마을회가 가장 상위의 개념에 위치하는 것이 바람직하다. 그래서 마을회는 비영리단체를 표방하고 주민 전체를 아우르는 단체가 되어야 한다. 물론 마을이 사회적 협동조합이나 사단법인으로 법인격을 취하여 주민 전체를 구성원으로 한 경우는 예외이다.

5) 마을을 비영리단체로 등록하면 좋은 점

① 이장 개인 명의로 모든 서류와 마을을 운영하는 부담을 줄일 수 있다.

즉 마을회의 이름으로 고유번호증을 등록하기 때문에 공식적인 명칭을 대외적으로 사용할 수 있다.

② 마을단체 명의의 통장을 개설할 수 있다.

③ 공모사업, 보조금 수령, 위·수탁 계약이 쉬워진다.

지방정부와 협약 체결이나 보조금 지원사업 수령 시, 마을단체 명의로 할 수 있다.

④ 회계, 문서, 운영의 투명성이 향상된다.

이장이 바뀌어도 단체 명의는 그대로 유지할 수 있으므로 공공성이 확보된다.

⑤ 향후 법인 전환 시 기반이 된다.

고유번호증은 법인 설립 전 실무 준비 단계의 연습이 된다. 고유번호증은 '법인격'은 아니지만, 실제 행정처리에서는 거의 법인 수준의 주체성을 인정받는다. 마을 만들기 공모사업, 마을 교육사업, 마을행사비 지원 등에서 자주 활용되기 때문이다.

언급한 장점들 가운데 고유번호증을 발급받게 되면 가장 편리함을 느끼는 것이 마을 재정관리이다. 이전부터 마을은 마을자금이라는 것을 가지고 있다. 이는 과거 마을에서 대동계라는 이름으로 마을 경조사를 처리하거나 혹은 마을 주민들이 울력을 통해 받은 대가를 차근차근 모아 놓은 것이다. 많든 적든 간에 마을에는 마을자금이 있기 마련이다.

이러한 마을자금은 대부분 마을에서 마을 대표인 이장 명의의 통장이나, 마을 총무 명의의 통장으로 관리하고 있다. 이런 경우에는 우선 불편한 점이 한둘이 아니다. 마을 임원이 바뀔 때마다 통장 명의를 변경해야 하고, 그렇지 않을 경우 필요한 때마다 이전 임원을 대동하고 은행에 가서 일 처리를 해야 한다. 이렇듯 불편을 겪었던 재정관리를 비영리단체로 등록하면, 마을 명의의 통장을 개설할 수 있어 마을의 금융자산을 마을 명의로 일관되게 관리할 수 있게 된다.

결국, 사람으로 치면 자연인이었던 상태를 법 제도의 테두리에 등록함으로써 권리와 의무를 행사할 수 있는 주체가 되듯이, 마을도 고유번호증을 가진 단체로 등록됨으로 인해 법인 수준의 주체성을 인정받게 되는 것이다. 과거의 전통과 사람들의 인정으로만 운영되던 마을의 형태가 이상적이라고도 할 수는 있지만, 시대가 달라지고 환경이 바뀌었으니 어찌하겠는가. 시대의 흐름에 맞게 마을 운영의 형태도 바뀌어야 하는 것을.

2. 마을 운영을 위한 정관을 만들자

　과거에도 마을 운영을 위한 기본적인 규칙이나 규범은 있었다. 대표적인 것이 조선 시대의 향약이다. 향약은 좋은 일은 서로 권한다는 덕업상권德業相勸, 잘못은 서로 규제한다는 과실상규過失相規, 좋은 풍속은 서로 교환한다는 예속상교禮俗相交, 어려운 일을 당하면 서로 돕는다는 환난상휼患難相恤의 네 가지 덕목을 중심으로 마을 공동체의 통합을 유도하였다. 물론 향약에 대해 다양한 역사적 관점이 있는 것은 사실이지만, 현재 우리나라의 마을에서 공동체 중심의 사고방식을 이야기할 때 향약을 빼놓을 수 없다.

　이러한 향약을 토대로 마을마다 규약을 만들어 운영한 경우가 많았지만, 지금까지 마을에서 이러한 규약을 물려받아 관리하는 경우는 드물다. 심지어는 아직도 과거 1960년대의 장사계 또는 상조계, 유물계의 규약을 마을의 규약으로 잘못 알고 있는 경우도 있다. 장사계와 유물계는 마을에서 초상이 났을 경우, 이에 대한 공동의 처리지침과 장사를 치르는 데 필요한 마을의 유물을 사용하는 규정에 대한 것이다.

　이렇듯 과거의 공동체 운영규칙을 지금 현실에 그대로 적용하기는 쉽지 않다. 마을을 비영리단체로 등록하기 위해서는 지금의 현실에 맞는 마을규약이나 정관이 필요하다. 정관은 '단체 또는 법인의 조직 활동을 정한 근본 규칙'의 의미이기 때문에 비영리단체로서 반드시 포함되어야 할 내용이 있어야 한다.

1) 마을정관의 내용

　마을정관은 크게 나누어 볼 때, 총칙, 회원, 임원, 의사결정기구, 마을사업, 재정관리, 부칙 등을 기본으로 하여 구성할 수 있다. 하지만 이는 각기 마을의 특성에 따라 다르게 구성될 수 있음은 물론이다.

　다음은 마을정관을 작성할 때 포함해야 할 기본적인 구성내용을 제시하였다.

  제1장 총칙
   제1조 명칭
   제2조 목적
   제3조 소재지
   제4조 구성원

  제2장 회원
   제1조 회원의 종류
   제2조 회원의 종류와 자격
   제3조 회원의 권리

제4조 회원의 의무

제5조 회원의 권리 제한

제6조 회원의 자격 상실

제3장 임원

제1조 임원의 종류와 구성

제2조 임원의 임기와 역할

제3조 임원의 임명과 선출 방법

제4조 임원의 해임과 자격 정지

제5조 임원활동의 지원

제4장 의결기구

제1조 총회의 종류와 개최 요건

제2조 총회의 의결사항

제3조 총회의 의결 조건

제4조 임원회의의 구성

제5조 임원회의의 의결사항

제6조 임원회의의 의결 조건

제7조 의결결과의 기록과 공시 방법

제5장 마을사업

제1조 마을사업의 종류

제2조 마을사업의 추진 주체

제3조 수익사업의 추진

　　제4조 수익사업 추진의 원칙

　제6장 재정관리

　　제1조 마을 재정의 종류와 내용

　　제2조 마을 재정의 관리 주체

　　제3조 지출과 수입의 관리 방법

　　제4조 회기와 결산 방법

　　제5조 재정관리의 원칙

　부칙

　　1. 정관 시행일

　　2. 경과 사항

　　3. 상위 법규와의 관계

2) 마을정관 만들 때 유의사항

　마을정관의 제정과 개정은 반드시 마을총회의 의결을 거쳐야 한다. 그만큼 마을 운영에 있어 중요하기 때문이다. 이미 마을정관을 보유하고 있는 마을은 개정이 필요한 경우, 임시총회를 개최하거나 정기총회에서 의결 조건을 갖추어 개정의 절차를 거치면 된다.

　하지만 정관이 없는 마을은 마을의 특성에 맞게 정관을 제정하여야 하는데 이럴 때 먼저 하지 말아야 할 사항을 알고 있어야 한다.

① **다른 마을의 정관을 가져와서 마을 이름만 바꾸어서 그대로 적용하는 일은 하지 말아야 한다.**

이는 마치 이웃 나라의 헌법을 그대로 가져와서 나라 이름만 바꾸어 우리나라의 헌법으로 제정하는 것과 같은 일이다.

② **다른 마을의 정관을 이것저것 참조하여 마을 임원 중 한 사람이 초안을 만들고, 이것을 그대로 임원회의에서 간단한 토론만 거쳐 총회에서 통과시키는 것이다.**

이는 마을의 특성을 고려하여 깊이 있는 논의를 거치지 않았기 때문에 결국, 정관을 만드는 데만 급급하여 나중에 정관의 내용에 무엇이 있는지 임원들조차 잘 모르는 결과를 낳게 된다.

③ **인터넷에 있는 다른 지역의 장황한 정관을 그대로 활용하는 경우이다.**

실제로 필자가 컨설팅했던 한 마을은 정관을 보여 달라는 필자의 요청에 내놓은 정관이, 도시의 마을에서나 통용될 법한 주민자치규약을 인용해서 만든 내용이었다. 도시와 농촌은 특성이 너무 다름에도 불구하고, 매끄러운 문구에 반하여 깊은 고민 없이 이를 인용한 것이다.

마을정관은 형식적으로 보여주기 위한 것이 아니다. 마을정관은 나라로 치면 헌법과 같은 것이다. 따라서 그 중요성은 매우 크다고 할 수 있다. 요식행위가 아닌 진정으로 마을 운영의 기본 원칙이 담긴 정관을 만들기 위해서는 많은 고민과 노력이 필요하다.

3) 마을정관을 잘 만드는 방법

정관은 한번 만들어지면 영원히 고쳐지지 않는 만고불변의 진리가 아니다. 마을 운영을 하면서 수시로 개정의 필요성이 느껴지는 것이 정상이고, 그러한 상황이 발생하면 개정을 할 수 있어야 한다. 이렇게 하는 것이 정관을 잘 활용하여 마을을 운영하고 있다는 증거가 되기도 한다.

그러면 이렇게 마을 임원이나 주민들이 정관의 내용을 잘 인지할 수 있도록 정관을 만드는 방법은 무엇일지를 다음과 같이 제시한다. 이는 정관의 개정에도 같이 적용할 수 있는 과정이라 할 수 있다.

① **임원을 중심으로 정관의 제정이나 개정을 의결한다.**

임원회의에서 우리 마을의 정관에 포함되어야 할 내용을 토론하고, 앞에 제시한 정관의 내용을 참고하여 목차를 우선 정한다.

② 목차를 정하였으면 임원들 각자에게 초안을 작성하도록 부탁하고, 각각의 목차를 할당하도록 한다.

예를 들어 노인회장은 제1장 총칙을 맡고, 새마을지도자는 제2장 회원, 이장은 제3장 임원, 부녀회장은 제4장 의결기구를 맡는 식으로 초안작성의 배분을 한다. 이때 유의할 사항은 모든 임원에게 골고루 역할을 배분하는 것이 중요하다. 이렇게 초안작성의 내용을 배분하여야 나중에 정관작성을 위한 토론이 원활하게 진행될 수 있다. 물론 임원이 많을 경우, 초안작성을 중복하여 맡겨도 상관이 없다. 초안작성의 배분이 끝나면 일정 기간 경과 후에 다시 모여 논의를 하자는 약속을 한다. 이때 이장은 임원들이 참고할 수 있도록 다른 마을의 정관을 사전에 확보하여 나누어 주어도 좋다.

③ 각각의 임원들이 작성한 초안을 가지고 모여서 토론을 한다.

작성된 초안은 모두가 같이 볼 수 있도록 사전에 복사하여 토론에 임하는 것이 좋다. 이를 위해서는 회의 전에 각자 작성한 초안을 총무에게 미리 제출하도록 하는 조치가 필요하다. 제출하는 양식은 꼭 컴퓨터를 활용하여 인쇄한 것이 아니고 수기로 작성한 것이어도 상관없다. 마을 일은 효율적으로 하는 것이 중요한 것이 아니라, 참여의 과정을 거치는 것이 훨씬 중요한 것이기 때문에 이러한 방식을 권장하는 것이다. 정관 초안작성을 위한 토론을 할 때도 많은 임원의 의견을 골고루 듣는 것이 중요하다. 나중에 다시 설명하겠지만 회의는 의견을 듣는 과정이 중요하다. 회의의 주재자인 이장은 모든 임원이 자신의 의견을 말할 수 있도록 발언의 기회를 적절히 보장해 주어야 한다. 이러한 정관 초안작성 회의를 임원 중심으로 수차례 실시하여 초안을 완성한다.

4) 정관 의결하기

정관 초안이 완성되었으면, 주민들의 의견을 듣고 이를 바탕으로 보완하는 과정과 주민총회에 상정하여 정관을 통과시키는 절차가 남아 있다. 완성된 초안의 맨 뒷장에는 초안작성에 참여한 임원들의 명단을 기재하고 정관제정 혹은 정관개정 발의자라는 이름으로 표기하도록 한다. 이제 정관(안)에 대해 주민의 의견을 수렴하는 과정과 주민총회에 상정하여 통과시키는 과정이 남았다.

① 완성된 초안을 출력하여 마을 주민들의 의견을 듣는 기간을 가진다.

대개의 마을이 정관 초안이 완성되면 총회를 바로 개최하여 그 자리에서 각 조항을 모두 설명하고, 일일이 주민의 의견을 수렴하여 정관을 제정하거나 개정하려고 하는데, 이는 정보의 사전 공지나 회의의 효과적인 진행을 위해서도 바람직하지 않다. 따라서 정관 초안이 완성되면 이장은 마을의 세대수만큼 완성본을 출력하여 설명회를 개최한다. 그후 설명회에 참석하지 못한 세대는 반장을 통해 각 세대에 전달할 수 있도록 하고, 약 1개월간 주민들의 의견을 수렴하는 기간을 가지도록 한다. 이를 위해 마을 곳곳에 현수막을 게시하고 마을 정관(안)에 대한 의견제시나 문의를 언제까지 누구에게 해달라는 내용을 게시하도록 한다. 그리고 정관(안)에 대해 의견을 제시하고 싶은 주민은 반드시 서면으로 의견을 제출하는 것을 원칙으로 하도록 한다.

② **정관(안)에 대한 주민 의견 수렴이 끝나면, 임원회의를 개최하여 주민의 의견을 검토·반영한 최종 정관(안)을 완성하도록 한다.**

최종 정관(안)을 완성하면, 의견을 주신 주민에게 피드백을 해주는 것을 권한다. 마을 운영은 결국 주민의 참여가 있어야 활성화될 수 있다. 그래서 평소에 적극적인 참여를 하는 주민에게는 반드시 그에 대한 감사함을 표시하는 것이 주민의 지속적인 참여를 촉진할 수 있다.

③ **이제 모든 준비가 끝났으면 주민 전체가 참여하는 총회를 개최한다.**

정관제정이나 개정이 시급한 사항이면 임원회의를 통해 임시총회 개최를 공지하고, 연말 총회에서 의결해도 괜찮다면 연말 총회에 안건으로 상정하여 의결절차를 거치면 된다. 총회에서는 이미 주민 의견 수렴 과정을 사전에 거쳤고, 정관(안)을 미리 배포한 상황이기 때문에 정관개정 혹은 제정에 대한 찬·반 토론의 형식만 거치고 바로 표결에 들어갈 수 있다. 표결 결과 찬성으로 가결되면 가결되었음을 선포하고, 절차적 요건을 갖추기 위해 총회의 회의록을 기록으로 남긴다. 그리고 향후 만약의 경우를 대비해 찬성자의 서명을 받아두는 것이 좋다.

  이렇게 정관의 제정이나 개정의 과정을 모두 마치고 나면, 이제 이 내용을 주민에게 공지하도록 한다. 마을에서 운영하는 SNS에 공지하거나 문자 발신 혹은 마을 게시판이나 마을 소식지에도 이러한 의결 사실을 공지하도록 한다.

3. 주민(회원)관리를 하자

 과거 대동계大洞契를 중심으로 마을이 운영되던 시절에는 마을에는 계원명부라는 것이 존재했다. 새롭게 마을의 주민이 된 세대는 마을의 일원이 되기 위해서는 대동계에 가입하는 것이 당연한 통과의례였으며, 신입 계원이 가입하면 이를 기록으로 남겨둔 것이 계원명부契員名簿이다. 하지만 지금은 옛날처럼 새 주민이 이사를 왔다 해도 마을에서 별도의 조치를 하는 것이 없다. 물론 행정시스템이 발달하지 않고 IT가 지금처럼 발달하지 않았을 시절에는 전입이나 전출신고를 할 때, 이장이나 반장의 도장을 받아야 하는 시절이 있었다. 하지만 지금 우리나라의 행정시스템은 전 세계적으로도 우수성을 자랑할 만큼 고도로 발전되어 있다. 내 집 안방에 앉아 온라인on-line으로 전입신고가 가능한 것이다.

 이러다 보니 우리 마을에 누가 전입을 해서 살고 있는지도 잘 모르는 상황이 발생한다. 더구나 '개인정보보호법'의 시행으로 인해 전입한 사람의 인적사항도 주민들에게 공개되지 않는다. 지금은 마을에 전입자가 발생하면, 행정기관에서는 이장에게 실제로 전입신고를 하고 마을에 거주하고 있는지의 사실 여부를 확인해 달라는 요청만이 있을 뿐이다. 사정이 이렇다 보니 이장들도 전입이 사실인지를 확인하기 위해 해당 주소를 찾아가 보지만, 실제로 전입자를 만나기는 쉽지가 않아 이웃 주민들에게 사실 여부를 확인하는 일이 잦다.

이러한 사정과 더불어 지금의 마을은 주민의 구성형태가 다양하다. 즉, 예로부터 마을에서 태어나고 살아온 주민, 마을이 고향은 아니지만 이사 와서 사는 주민, 이사 와서 살고는 있지만 주소지 이전을 하지 않고 사는 주민, 주말에만 왔다 가는 주민 등 다양한 사람들이 여러 형태로 마을에 모여 살고 있다. 특히 수도권이나 대도시에 가까운 마을은 전입자의 비율이 상대적으로 높은 경우가 많다.

이렇게 다양한 주민들이 마을에 모여 살다 보니, 예전처럼 남의 집 밥숟가락이 몇 개인지 알 정도의 친밀감은 사라진 지 오래다. 심지어는 마을에 낯선 사람이 돌아다니는데, 알고 보니 새로 이사 온 주민이더라는 웃지 못할 상황까지 생겨나고 있다.

마을이 공동체로 거듭나고 화합된 모습을 가지기 위해서는 같은 마을에 사는 사람들끼리의 친밀감 형성은 필수적이다. 그런데 어떻게 그런 친밀감을 형성할 수 있을까? 이는 개인화된 삶의 방식을 공동체 중심으로 서서히 바꾸어 나가는 것이 유일한 방법이다. 결국, 인간관계의 친밀감은 잦은 교류를 통해 형성되기 때문에 자주 만나는 자리를 가져야 한다. 친해진다는 것은 결국, 서로를 알아가는 과정을 거쳐야 가능하므로 시간이 필요하다는 것이다. 따라서 공동체의 형성은 개인의 사생활을 중시하는 벽을 높게 쌓아놓고, 아무도 나의 영역으로 들어오지 못하게 하는 그러한 마음가짐으로는 갈 길이 멀다고 할 수 있다.

'나는 나의 성안에서 나만의 자유로운 생활을 할 터이니 아무도 간섭하지 말았으면 좋겠다'라는 생각을 지닌 주민이 많으면 많을수록 마을의 문화는 이기적인 형태로 자리 잡는다. 이런 마을은 평소에도 온갖 민원이 끊이질 않으며, 주민들과의 갈등도 많은 편이다. 마을 일을 맡아서 봉사하고 있는 임원들을 자신들의 민원처리 담당자 정도로만 인식하고 있는 경우도 많다.

이래서는 앞으로 마을이 공동체로서 결속력을 다지고 제대로 운영되기가 어렵다. 그래서 공동체로 마을이 운영되기 위해서는 마을 차원에서 주민을 대상으로 한 정보를 관리하는 것이 필요하다. 우리 마을에 누가 살고 있는지는 알아야 하지 않겠는가? 그리고 주민들이 우리 마을이라는 생각을 하고, 소속감을 느낄 수 있도록 하기 위해서도 이것은 필요하다.

우리가 대한민국 국민임을 자랑스러워하는 이유는 주민등록을 통한 자격의 인증이고, 각종 모임에 가입하는 것도 회원으로 등록되어 회원의 의무와 권리를 누릴 때 소속감을 느낄 수가 있다. 앞서 설명하였듯이 과거의 마을은 대동계를 중심으로 강한 결속력을 가지고 있었다. 여기에는 당연히 계원명부에 가입하여 이름을 올리는 것이 필수적인 요소였고, 이를 통해 계원으로서 활동의 정당성을 인정받았다.

　지금의 마을은 이러한 제도적인 장치가 불투명해져서, 전입신고 이외에는 마을 차원의 주민관리가 없는 경우가 일반적이다. 심지어 마을 차원의 주민을 대상으로 한 제도적 장치보다, 마을 내의 반 차원 장치가 더 굳건한 마을도 있다. 이것이 나쁘다는 것이 아니라 마을이 공동체로서 제대로 작동하기 위해서는 마을 차원의 제도적 장치를 갖추는 것이 필요하다는 말이다.

1) 주민(회원)명부 양식을 만들자

　주민명부는 사실 별로 거창한 내용이 아니다. 우리 마을에 어떤 사람들이 거주하고 있는지를 마을에서 파악하고 있자는 것이다. 도시에서 아파트에 입주를 하면 입주자 관리카드를 작성하는 것과 마찬가지이다. 마을이 공동체로서 작동하기 위해 거주하고 있는 주민의 관리카드를 작성하는 것은 법적인 강제요건은 아니다. 이를 만들기 위해서는 주민의 동의가 필요하다. 그래서 앞서 제시한 정관에 이러한 주민(회원)명부의 작성에 관련한 근거가 있어야 한다.

　실제로 필자가 컨설팅한 마을에서 주민명부 작성을 의결하자 상당한 반발이 있었던 일이 있었다. 대한민국 국민은 누구나 거주이전의 자유가 있어서 전입신고를 한 것만으로도 이미 마을의 주민이 되었는데, 왜 불필요하게 이런 제도를 두어 위화감을 조성하느냐는 반발이었다. 이는 대부분 마을에 전입신고를 한 지 얼마 되지 않은 주민들이 제기한 반론이었다.

하지만 장기적인 마을 공동체의 결속을 위해서는 다소의 반발이 있더라도 명부의 작성은 필요하다는 것이 필자의 주장이다. 마을의 발전을 위해서는 민주적 운영의 구조를 갖추는 것이 바람직하기 때문에, 단체로서의 요건인 정관과 주민(회원)명부를 갖추는 것은 꼭 필요하다.

주민(회원)명부 양식은 어려울 것이 없다. 다만 마을에서 관리대상의 기준을 개인으로 할 것인지 아니면 세대를 기준으로 할 것인지를 먼저 정해야 한다. 우리나라 마을은 대체로 과거 대동계의 전통을 계승하여 세대를 중심으로 관리해 왔다. 하지만 이는 마을의 특성에 따라 주민들과의 논의를 통해 결정할 사항이다. 다만 개인으로 할 경우와 세대로 할 경우, 이에 상응하여 권리와 의무의 주체가 달라진다는 점은 고려해야 한다.

관리의 기준에 대한 논의가 끝났다면, 명부를 작성하기 위한 양식을 마을의 특성에 맞게 만들면 된다. 양식에 필수적으로 포함되어야 할 사항을 제시하면 1) 성명(세대주 성명), 2) 주소, 3) 전화번호, 4) 세대 구성원, 5) 경력 사항(사회생활의 경력), 6) 보유 재능(향후 마을 참여에 활용), 7) 비상 연락망(타지 거주 자녀 연락처) 등이다. 이를 마을의 필요에 따라 표로 만들어서 양식에 표기한다. 그리고 개인정보 제공 동의 표시란과 마을회 가입 동의란, 가입 동의 일자, 서명란을 양식에 표기하면 된다.

2) 주민을 대상으로 회원명부를 작성하자

양식의 설계가 끝났으면 이를 복사하여 주민들을 대상으로 먼저 명부작성을 하는 일을 한다. 이러한 작업은 농번기를 피해 농한기에 하는 것이 좋다. 즉, 12월의 마을총회에서 주민(회원)명부 작성에 대한 주민동의를 얻고 난 후, 1월과 2월 사이에 명부작성을 하는 것이 주민들에게 큰 부담을 주지 않는다.

명부작성은 주로 반장들을 통해 실시하고, 겨울철 경로당이나 마을회관에 주민들이 모여 있을 때를 활용하면 좋다. 거동이 불편한 노인들의 경우에는, 수고스럽지만 반장이 일일이 가정 방문을 하여 작성하는 방식을 선택할 수밖에 없다. 그리고 마을회관이나 경로당에 잘 나오지 않는 주민들도 일일이 찾아가서 취지를 설명하고, 명부작성에 협조를 구하는 것이 좋다. 결국, 반장들이 전체 가구를 방문한다는 심정으로 시작해야 할 수 있는 일이다.

이렇게 작성한 주민(회원)명부는 문서파일을 별도로 만들어 관리할 수 있도록 하고, 혹시 모를 사태에 대비하기 위해 복사본을 만들어 두도록 한다. 컴퓨터 활용이 가능한 인재를 보유한 마을은 명부의 내용을 컴퓨터에 저장하도록 한다.

작성이 완료된 명부는 아무나 열람할 수 있도록 하는 것보다, 마을 임원들만 열람 권한을 가지는 것이 좋다. 개인정보 제공에 작성자가 동의는 했지만, 이것은 마을의 운영을 위한 목적이기 때문에 이에 합당한 용도로만 사용하여야 주민의 신뢰를 얻을 수가 있다.

이러한 내용을 양식에 표시하여 주민들에게 명부작성에 대한 거부감을 최소화하는 것도 좋은 방법이다.

3) 모든 주민이 명부작성에 동의하는 것은 아니다

총회에서 주민의 동의절차를 얻었다고는 하지만 여전히 주민(회원)명부의 작성에 반대하는 주민이 있을 수 있다. 이러한 경우는 한꺼번에 모든 작성을 끝내려고 하지 말아야 한다. 우선 일차적인 목표는 전체 주민의 50% 이상 작성을 목표로 해야 한다. 이는 단체 구성원의 가입이 과반수 이상일 때 단체가 정당성을 가질 수 있기 때문이다. 그래서 굳이 가입에 동의하지 않는 주민을 대상으로 지루한 설득작업을 지속하는 것보다 유연한 태도로 임하는 것이 바람직하다. 나중에 생각이 바뀌면 언제든지 가입할 수 있음을 공지하고, 왜 작성을 권하는지 이유만 설명해주어도 좋다.

마을 운영은 획일적인 방식이 아니라 다양한 가치관을 가진 다양한 주민의 의견을 받아들이는 것에서부터 출발한다. 주민(회원)명부 작성을 위해 가정 방문을 마다하지 않는 반장의 노고를 봐서라도 이럴 수 있느냐는 불만을 표시하는 것은 마을의 민주적 운영에 도움이 되지 않는다. 마을이라는 공동체의 운영은 사조직 운영과는 다르다는 것을 인정해야 한다. 오히려 사조직 운영보다 훨씬 더 다양한 요소를 고려해야 하므로 돌발변수가 많이 생길 수 있다. 당면한 문제에 참여하지 않거나 반대를 하는 주민도 나중에 마을 운영에 적극적으로 협조하는 사람으로 변할 수 있음을 생각하여, 장기적인 안목을 가져야 한다.

　실제로 많은 마을에서 주민갈등이 발생하는 이유는 당면한 하나의 문제에 대해 찬반으로 의견이 갈릴 경우, 반대편에 대한 적대적인 감정을 그대로 표출해 버리기 때문인 경우가 많다. 명심해야 할 것은 그 사람이 거주지를 옮기지 않는 이상은 계속 얼굴을 마주쳐야 하는 이웃이다. 마을의 민주적인 운영은 다양한 의견을 인정하는 것에서 출발한다는 생각을 가지고, 반대 의견을 이겨야 한다는 생각을 버리는 것이 중요하다.

4) 새로운 주민에 대한 마을 차원의 전입 안내절차를 갖추자

　지금 우리 농촌 마을은 갈수록 심해지는 고령화에 직면해 있다. 대개의 농촌 마을은 평균연령이 60대를 넘어서는 마을이 수두룩하다. 사정이 이러하다 보니 향후 10년 후에는 평균연령이 지금보다 더 높아질 것은 자명한 일이며, 마을 인구가 줄어들 것을 걱정하는 마을이 많다. 고령화로 인하여 휴경지가 늘어, 과거에는 농지 임대료(도지)를 받고 땅을 빌려주었지만, 지금은 '제발 경작만 해달라'는 입장으로 바뀐 마을도 흔하다. 결국, 향후 마을에 새로운 주민이 이사를 오지 않는 상황이 이어진다면, 마을의 소멸이 다가온다고 해도 과언이 아니다.

　정부에서도 이러한 상황의 개선을 위해 귀농과 귀촌을 장려하는 정책을 펼치고 있고, 청년 인구의 농촌유입을 위한 다양한 정책을 내놓고 있지만, 21세기 산업구조의 특성에 비추어 볼 때 쉬운 일은 아니다.

그나마 마을의 입장에서 인구를 유지하기 위해 현실적으로 가능한 방법은, 전원생활을 희망하여 마을로 이주하는 귀촌인들을 유치하는 것이다. 실제로 우리나라에서 외환위기를 계기로 귀농 정책을 펼치고 2004년부터 귀촌의 개념을 도입한 이후, 연도별로 양상은 차이가 있지만 농촌으로 전입하는 인구, 즉 귀촌 인구는 증가하고 있다. 귀촌하는 인구는 지역별로 차이는 있으나 연령대도 다양해지고 있다.

하지만 마을에서는 귀촌 인구의 증가가 반갑지만은 않은 상황도 펼쳐지고 있다. 마을의 특성을 이해하지 못한 상태에서 갈등이 발생하고, 도시와 농촌의 문화 차이를 불편해하는 전입자는 기존 주민과의 오해로 인해 적응에 많은 어려움을 겪기도 한다. 대표적인 경우가 마을 안길에 대한 분쟁이나 앞서 사례로 제시한 발전기금과 관련한 문제 등이다.

도시에서 거주하다 농촌에 땅을 산 후, 집을 지어서 이사 오는 귀촌인은 마을의 안길에 대한 소유권을 오해하는 경우가 많다. 마을에서 거주하고 있는 주민들은 마을 안길이 개인의 사유지임을 모두 알고 있다. 이는 과거에 농지개량사업이나 농촌주거지 환경 개선을 위해 마을 안길을 확장하였는데, 주민들이 자신의 토지를 이웃들의 편의를 위해 내놓은 비법정도로이다. 그런데 귀촌인들은 대부분 이러한 사정을 모른다. 그래서 땅을 산 후 토지 측량을 해 보고는 자신이 산 토지에 도로가 들어가 있음을 알고, 부동산업자에게 사기를 당했다고 생각한다. 그리고 자신의 토지에 대한 점유권을 당연하다고 생각하여 심할 경우, 주민들의 통행을 금지하는 진입장벽을 설치하는 사례도 생기는 것이다.

이러한 사례는 다른 요인에 의해 발생할 수도 있지만, 농촌 마을의 실상을 잘 모르는 것에서 시작된다. 마을 주민들은 느닷없이 이사 온 지 얼마 되지도 않은 사람이 길을 막아버리니 괘씸하다고 생각하여 성토하기에 바쁘고, 귀촌인은 마을 사정을 알아보지도 않고 길부터 막았으니 서로가 원수가 되는 것이다.

이러한 문제는 원인이 모두 같을 수는 없다. 물론 귀촌인의 성향 자체가 문제인 경우도 있다. 하지만 전원생활의 꿈을 안고 귀촌을 결심하여 실행에 옮긴 사람들은 지나치게 이기적인 사람들은 많지 않다. 이는 자연과 더불어 살고자 마음을 먹었다는 것에서 알 수 있다. 물론 자연과 더불어 살고자 농촌에 정착한 사람 중에는 이기적이고 주변 이웃과 어울리지 않으려고 하는 사람도 있다. 하지만 이러한 성향의 사람들은 농촌 생활을 오래 하지 못한다. 처음에는 전원생활을 즐기는 듯 보이지만 이웃과의 관계를 형성하지 못하기 때문에, 시간이 흐를수록 고립된 생활을 견디지 못해 다시 도시로 돌아가고 만다.

우리가 여기서 주목해야 하는 것은 이렇게 극소수의 이기적인 사람들이 아니다. 좋은 자연환경에서 좋은 이웃들과 새로운 인생을 살아 보고자 귀촌한 다수의 사람을 어떻게 대할 것이냐의 문제이다. 만약 여러분이 내가 살던 정든 장소를 버리고 전혀 새로운 환경으로 이사를 왔다고 생각해 보자. 모든 것이 낯설고 어색할 것이다. 이럴 경우, 어떤 도움을 받았으면 좋겠는가. 대학교에 입학하면, 신입생의 학교 적응을 위한 오리엔테이션을 한다. 직장에 처음 입사를 해도 마찬가지이다. 그 조직의 문화를 이해하고 잘 적응하도록 도움을 주는 장치가 마련되어 있다.

그런데 마을은 어떠한가? 아직도 과거의 관습에 젖어 이사를 온 사람이 알아서 적응하라고 내버려 두고 있지 않은가? 이제 마을은 환경이 바뀌었다. 이왕이면 이사 온 사람을 따뜻하게 맞이해 주고 마을에 잘 적응할 수 있도록 도움을 주는 것이 정이 넘치는 모습이지 않겠는가. 그래서 마을 차원에서의 전입 안내절차를 갖추자는 것이다. 이를 위한 절차는 다음과 같다.

① **먼저 마을 적응에 도움을 줄 수 있는 '마을 안내서'를 만들자.**

귀촌인이 궁금할 수 있는 사항들을 안내서로 만들어 읽어 볼 수 있도록 하자는 것이다. 여기에는 마을 이름의 뜻, 마을 지도, 마을 기본현황, 마을 임원 현황 및 연락처, 마을정관, 쓰레기 배출 방법과 요일, 관공서 연락처, 마을 연간 행사일정, 병원과 약국 위치 및 전화번호, 버스 시간표, 마을회관과 경로당 이용 방법 등을 안내서로 만들어 제공하는 것이다. 이러한 마을 안내서는 클리어 파일에 그 내용을 꽂아 넣는 것을 추천한다. 인쇄해서 책자로 만들게 되면 그 내용이 변할 경우, 또 전체를 인쇄해야 하는 낭비가 따르기 때문이다.

② **귀촌인을 환영하는 면담일정을 정하자.**

마을에 누군가 전입신고를 했다고 면이나 읍에서 연락이 오면, 이장은 해당 번지의 반장에게 부탁하여 실제로 전입을 했는지를 알아보게 한다. 그리고 우리 마을은 귀촌인 가구를 위해 마을 임원진과의 마을 생활 안내 면담이 공식적으로 있음을 알려 일정을 협의하여 정하도록 한다. 이때 마을 생활 안내 면담을 거부하는 사람이 있을 수도 있다. 이럴 경우는 이장이 별도로 마을 안내서를 전달하는 형식은 갖추도록 한다.

③ **환영 인사 및 마을 생활 안내 면담을 하자.**

귀촌인과 약속한 날짜와 시간에 맞추어 임원들이 해당 가구에 방문한다. 이때는 시간이 허락되는 임원을 중심으로 3~4명이 방문하도록 한다. 이장, 노인회장, 부녀회장, 반장은 가능하면 반드시 참석한다. 방문 시 준비물은 마을 안내서 1부를 가지고 가고, 마을의 사정이 허락하면 전입을 환영하는 작은 선물도 준비하면 좋다. 예를 들면 두루마리 화장지와 같이 부담되지 않고 마음을 전할 수 있는 가벼운 선물이 좋다고 생각한다. 이 자리에서 마을에

4. 일할 수 있는 임원체계를 갖추자

"부녀회장은 이름만 있고, 총무는 컴퓨터를 몰라서 회의록도 못 쓰고, 개발위원들은 회의에 참여도 하지 않는다. 마을회의를 하려고 해도 모이기도 힘들고, 모여도 결론이 나지 않는다."

이 말은 단지 한 마을의 문제가 아니다.

지금 전국의 수많은 마을에서 형식적으로만 존재하는 임원, 혹은 역할도 없고 책임도 없는 임원들이 마을 운영의 동력을 잃게 만드는 원인이 되고 있다. 마을이 공동체로서 작동하기 위해서는 반드시 일할 수 있는 임원체계, 즉 운영 조직이 필요하다.

이러한 마을의 운영체계가 단단해야 마을발전을 위한 사업이 가능하고, 주민 간 소통이 가능하며, 행정과의 연계도 수월해진다. 이장이 아무리 혼자 애써도 마을이 잘 운영이 되지 않는 이유는, '일할 수 있는 체계' 없이 마을을 운영하기 때문이다.

1) 마을은 왜 '운영체계'를 가져야 하는가?

어느 마을이나 임원조직은 구성되어 있다. 다만 형식적으로 되어 있느냐, 실질적으로 기능을 하는 임원조직이냐가 문제이다. 현대의 마을은 단순히 생활만 하는 곳이 아니다. 공모사업, 보조금 회계, 외부 협약, 주민 갈등조정 등 소규모 행정조직처럼 복잡한 업무가 발생하는 사회적 단위가 되었다. 하지만 아직도 많은 마을은 여전히 '이장 혼자 모든 걸 결정하고 책임지는 구조'에 머물러 있다. 이는 시대변화에 따른 능동적인 마을 운영보다 수동적인 마을 운영에 머물러 있기 때문이다. 마을 일은 그렇게 복잡하지 않으며, 할 일도 많지 않아서 이장의 역할은 주민의 민원 해결이 가장 중요한 일이라 이것에만 집중하면 된다는 생각에서 '나 홀로 운영'을 하는 것이다.

그래서 간혹 하는 임원회의에서도 이장이 회의 소집부터 서류 작성, 주민 민원, 예산 집행 및 정산까지 사실상 마을의 '사무국장' 역할을 하는 경우가 흔하다. 이런 이장 중심 구조로는 마을 운영이 장기적으로 유지될 수 없다. 이장이 바뀌면 마을의 모든 노하우가 단절되고, 새로이 선출된 이장은 속된 표현으로 다시 '맨땅에 머리 박기'를 하는 사태가 벌어지는 것이다. 사정이 이렇다 보니 이장은 이장대로 힘들고, 주민은 다른 마을들과 비교하여 불만을 토로하며 불신과 갈등도 커지기 쉽다.

그래서 필요한 것이 바로 기능 중심의 임원체계이다. 임원 구성을 형식이 아닌 실질적으로 일하고 책임지는 역할을 중심으로 분담 체계를 갖춰야 한다.

2) 임원 구성은 어떻게 해야 하는가?

마을의 크기와 운영 수준에 따라 약간의 차이는 있지만, 기본적으로 다음에 나오는 5~6개 역할 체계가 갖춰지면, 운영이 훨씬 원활해진다. 대개의 마을은 이장, 노인회장, 부녀회장, 반장, 새마을지도자, 총무, 개발위원, 감사 등으로 임원조직을 구성하고 있다. 물론 이러한 임원 구성이 갖추어지지 않고 운영되는 마을도 있으며, 보다 체계적으로 임원조직을 구성하여 운영하는 마을도 있다. 그리고 마을에서 마을 임원을 맡기를 꺼리는 사람들이 많아 임원 선임에 어려움을 겪는 마을도 많다.

하지만 이러한 현실적 제약 속에서도 마을이 발전하기 위해서는 이장 중심 운영체제에서 임원 중심 운영체제로 바뀌어야 한다. 이를 위해 우선은 첫 단계로서 임원의 역할을 정의하고 역할을 분담하는 체계를 갖추는 것이 중요하다.

* 이장: 마을 대표, 행정기관 연계, 주민총괄, 대외업무, 마을의 얼굴이자 조정자 역할
* 총무: 회의 공지, 회의록 작성, 문서 관리, 사업 서류 접수·정리, 회의 결과 주민 공지
* 회계: 예산 집행, 영수증 정리, 정산 보고서 작성, 회계장부 정리, 마을 사정에 따라 총무가 겸직할 수 있음.
* 감사: 회계 및 운영 감시, 연 1회 이상 감사보고

* 분과별 운영위원(개발위원): 마을 주요 사업을 마을 상황에 맞게 기획분과, 문화분과, 마을 환경 분과, 주민 화합 행사 분과, 마을 사업 추진 분과 등으로 구성할 수 있음.
* 반장: 주요 사항의 반원 전파, 반 주민의 민원 수렴 후 임원회의 상정, 반 회의의 개최

이상과 같이 임원의 역할을 분장하는 것이 필요하다. 임원의 역할 분장은 마을의 특성에 따라 적절하게 하는 것이 좋다. 하지만 많은 마을에서 이렇게 역할을 분장해서 하고는 싶지만, 할 사람이 없다는 이야기를 한다. 필자의 의견은 이렇다. 할 사람이 없다면 할 사람을 찾는 노력을 끝까지 기울여야 한다. 삼고초려를 해서라도 꼭 필요한 사항이기 때문에 임원진 구성은 반드시 해야 한다. 우선 마을을 운영하고자 하는 마음에 이장 주위의 사람들로 편하게 구성해 놓은 임원진은 제대로 된 역할을 하지 않는다. 그것이 오히려 더 큰 문제를 초래한다.

이장으로서 마을을 바꾸고 제대로 운영해 보고 싶은 마음이 있다면, 함께 일할 임원을 시간이 걸리더라도 잘 꾸리는 것이 중요하다. 그래서 이장은 마을의 인재를 발굴하는 눈이 있어야 하고, 인재를 찾아내면 부탁을 할 줄 알아야 한다. 이것은 모든 조직에 통용되는 원리이다. 결국, 마을발전도 그렇고 조직의 발전도 사람이 있어야 하며, 의욕이 있는 사람이 힘을 합쳐야 가능한 것이다.

"우리 마을은 노인들이 많아서 할 사람이 없다"라는 핑계를 대지 말자. 노인이 많으면 그중에서도 찾아야 한다. 혼자서 모든 일을 다 할 수는 없지 않은가?

3) 임원을 잘 뽑는 것도 능력이다

"아무도 안 하려고 해서 그냥 시켰어요."

"이 사람이 그래도 오래 살아서 마을을 잘 알잖아요."

마을 임원을 구성할 때 가장 흔히 듣는 말이다. 물론 경험과 연륜도 중요하다. 하지만 일할 수 있는지, 실제로 하겠다는 의지가 있는지가 더 중요하다. 임원을 구성할 때 고려해야 할 4가지 원칙이 있다.

① 기술보다 책임감 있는 사람을 뽑는다. 엑셀을 잘 몰라도, 컴퓨터를 다룰 줄 몰라도 꼼꼼한 사람은 총무나 회계를 잘한다.

② 말을 잘하는 사람보다 잘 듣는 사람이 필요하다. 주민 의견을 모으고 정리하는 게 더 중요하다는 말이다. 말을 잘하기만 하는 사람은 자신의 주장을 설득하려고만 하는 경향이 있다.

③ '친한 사람이어서'가 아니라 '역할을 할 수 있는 사람인지'로 판단한다. 임원은 명예직이 아니라 실무자다. 철저하게 역할을 할 수 있는 사람인지가 기준이 되어야 한다.

④ 매사에 부정적이고 비판하기 좋아하는 사람은 안된다. 행여 마

을에서 늘 트집을 잡고 사사건건 부정적인 이야기를 늘어놓는 사람을 '임원으로 선정해 놓으면 덜 하겠지' 하는 마음으로 임원 선임을 하지 말라는 말이다. 오히려 전체 임원의 사기를 떨어트리는 결과를 가져오게 된다.

임원을 맡길 때는 반드시 역할을 정하고, 책임과 권리를 명확히 해야 한다.
"총무는 회의의 공지와 회의록 정리 및 서류 관리를 담당하고, 월 1회 임원회의 전 자료를 준비한다."
이렇게 업무 정의가 있어야 서로의 책임도 분명해지고, 갈등도 줄어든다. 이를 정관에 표기해도 좋고 아니면 임원진 운영내규를 만들어서 문서로 정리해도 좋다.

4) 운영체계가 세워지면 달라지는 것들

일할 수 있는 임원체계가 갖추어지면, 마을 운영이 한 명의 사람이 아니라 구조로 작동하게 된다.
① 이장이 바뀌어도 운영의 연속성이 생긴다.
② 임원들이 각자의 역할과 책임을 인식하게 된다.
③ 회의, 회계, 공모사업 등에 체계적인 대응이 가능하다.
④ 마을 주민들에게 신뢰받는 조직이 된다.
⑤ 무언가 문제가 생겼을 때, 책임과 개선의 주체가 명확해진다.

임원체계는 조직 운영의 뼈대이며, 마을 공동체가 흔들리지 않도록 버팀목이 되어주는 구조다. 친한 사람 몇 명만으로는 마을을 오래 끌고 갈 수 없다. 좋은 구조가 있어야, 좋은 사람이 오랫동안 일할 수 있다.

이제는 '누가 이장이냐'보다, '어떤 구조로 함께 일하느냐'가 중요한 시대이다. 작지만 강한 조직, 서로 신뢰하고 책임지는 임원체계를 갖추는 것이 지속 가능한 마을 운영의 가장 확실한 기초가 된다.

5. 마을 운영의 원칙을 정하자

"우리 마을은 뭔가를 정해 놓고 운영하지 않는 것 같아. 그냥 그때그때 내키는 데로 한다는 생각이 들어."
"먹고사는 사람 사정이 먼저지, 마을 일이 무슨 소용이야."
"복잡한 거는 싫어, 마을 일은 그냥 좋은 게 좋은 거지. 자꾸 피곤하게 하지 말자."

 이런 말들이 마을에서 자주 들린다면 마을 운영의 원칙을 정하는 것이 필요한 시점이다. 겉보기에 이런 운영은 '융통성 있는 방식'처럼 보인다. 하지만 실제로는 갈등이 반복되고, 책임이 불명확하며, 공정성에 대한 의심이 커지는 원인이 되기도 한다.
 마을을 운영한다는 것은 결국 사람을 운영하는 일이다. 사람은 감정이 있고, 마을은 사람들 간의 관계로 형성되어 있으므로 기준이 없으면 다툼이 생기고 감정싸움이 벌어진다.
 그래서 마을을 오래 잘 이끌고자 한다면, 먼저 세워야 할 것이 '운영의 원칙'이다.

1) 왜 원칙이 필요한가?

마을에는 다양한 사람들이 함께 살아간다. 오래 산 주민, 새로 들어온 주민, 조용히 살고 싶은 사람, 뭔가 해보려는 사람 등등. 이들이 조화를 이루기 위해서는 공통의 약속, 즉 '우리끼리의 규칙'이 있어야 한다.

원칙이 없으면 감정이 기준이 되고, 원칙이 있으면 절차가 기준이 된다. 갈등이 생겼을 때, "이건 원칙대로 처리하기로 하자"라고 말할 수 있어야 사람 사이의 오해를 줄이고 더 큰 갈등을 예방할 수 있다. 특히, 회의 운영, 사업 진행, 마을행사, 주민갈등 등의 상황에서 공정하게 운영되고 있다는 절차적 신뢰가 있어야 마을 공동체가 유지될 수 있다.

2) 마을 운영 원칙의 기본 유형

마을마다 상황은 다르지만, 보통 다음과 같은 원칙들이 필요하다.

가. 회의 운영의 원칙

마을회의를 하고 나서 뒷말이 나오는 경우가 있다. 이는 회의 운영의 원칙이 없는 진행일 경우에 더욱 그러하다. 당연하지만 반드시 지켜야 할 원칙을 제시하면 다음과 같다.

① 회의는 정기적으로 개최하고, 공지된 일정을 지켜서 진행한다.

이를 위해서 정기적인 회의는 반드시 날짜를 정해 놓는 것이 좋다. 예를 들어 '우리 마을 임원회의는 매월 세 번째 금요일 저녁 7시에 실시한다'와 같은 원칙을 정하고 정말 부득이한 경우가 아니면, 반드시 날짜를 지켜서 진행하여 신뢰감을 높여야 한다.

② 회의에서 결정된 사항은 가급적 번복하지 않는다.

회의록 작성은 결정된 사항을 기록으로 남기는 것이다. 어떤 마을은 지난달 회의에서 결정된 사항을 참석하지 않았던 사람이 이의를 제기한다고 해서, 결정을 백지화하고 재논의를 하는 것도 보았다. 이는 회의 무용론을 낳게 하는 푸념으로 돌아온다.

③ 어떠한 발언을 하든 발언의 내용을 비난하지 않는다.

마을회의에 참석해 보면 유난히 말을 거칠게 하는 사람이 있다. 마을은 주민들이 모여 사는 공간이지만 인간관계는 복잡하게 얽힌 경우가 많다. 나이가 많아서, 집안의 형님이라서, 학교 선배라서 등의 보이지 않는 서열이 있다. 그래서 이를 회의에서도 그대로 반영하는 경우가 벌어진다. 우위에 있다고 생각하는 사람이 말을 함부로 하는 것이다. "잘 모르면서 쓸데없는 소리 하네.", "마을에 이사 온 지 얼마나 됐다고 나서는 거야, 가만히 있으면 중간이나 가지." 이런 인신공격적인 말들을 아무렇지 않게 하는 사람들이 있다. 이런 말을 들은 상대방은 무시 받았다는 생각이 들어 기분이

몹시 상한다. 그래서 다시는 회의에 나가지 않겠다는 결심을 하게 된다. 마을 주민이 참여하는 회의나 임원회의에서 반드시 지켜야 할 원칙 중 하나가 "남의 말을 자르거나 비난하지 않는다"는 것이다. 이 원칙은 매우 중요하다.

④ **발언의 기회를 골고루 배분하며, 회의에서 말한 내용을 회의 밖에서 왜곡하거나 비방하지 않는다.**

회의를 개최하면 늘 말을 하는 사람만 말을 하는 경우가 생긴다. 이런 양상이 계속되면 회의를 개최한 목적을 달성하기 어렵다. 회의는 다양한 의견을 듣기 위한 자리이다. 따라서 발언의 기회를 골고루 주어야 한다. 그리고 회의가 끝나면 뒷말을 하지 않아야 한다. 그래야 쓸데없는 오해를 줄일 수 있다.

이러한 원칙을 정하는 이유는 회의는 마을의 공식 의사결정 공간이며, 회의가 불공정하게 운영되면, 마을 운영 전체에 불신이 생기기 때문이다.

나. 험담 금지의 원칙

주민화합이 잘되지 않는 마을은 대부분 말이 많은 마을이다. 끼리끼리 편을 나누어 다른 사람 험담을 하는 것이 일상화되어 있다. 우리 마을의 주민화합이 잘되지 않는다고 생각한다면, 다음의 원칙을 정하는 것이 좋다.

① 마을 주민 간에 이간질하거나 뒷말을 퍼뜨리는 행위는 금지한다.
② 다툼이나 잘못이 있다면 당사자 간 대화로 먼저 해결하려고 노력한다.
③ 험담을 반복해서 하는 사람에 대해서는 회의에서 경고하거나 공개 사과를 요구할 수 있다.

이러한 원칙을 정하는 이유는 작은 마을일수록 험담과 소문은 사람의 감정을 찌르고, 나아가서는 마을 공동체를 무너뜨리는 원인이 되기 때문이다. 시작은 아주 사소한 것에서 되었지만, 시간이 지날수록 부풀려져 돌이킬 수 없는 오해를 낳는 경우가 마을에서는 흔히 발생한다. 그래서 이러한 원칙을 주민들에게 수시로 알리고, 하지 말아야 할 행동으로 인식시키는 것이 필요하다. 그리고 상황이 발생하면, 즉시 서로가 직접 만나 소통하도록 하는 문화가 공동체를 지킨다.

다. 예산 집행의 원칙

마을을 운영하는 데 가장 많은 오해와 갈등을 낳는 것이 돈 문제이다. 실제로 많은 마을에서 임원진이 주민과 다툼이 생기는 가장 많은 원인이 마을 돈에 관련된 문제이다. 그래서 마을 돈에 대한 원칙을 명확하게 정하는 것이 중요하다.

① 마을 예산은 반드시 회의를 통해 결정된 사항을 중심으로 집행한다.
② 회계는 총무나 회계 담당자가 기록하고, 모든 영수증은 투명하게 공개한다.
③ 일정 금액 이상의 예산 초과 지출은 사전 승인 없이 불가하며, 긴급 지출은 사후 승인받는다.
④ 사업이 끝난 후에는 반드시 결산 보고서를 전 주민에게 공지한다.

예산 집행에 있어 이러한 원칙을 정하는 이유는 마을 돈은 '누구의 돈'이 아니라, '모두의 돈'이다. 임원은 돈을 사용하는 권한을 가진 사람이 아니라, 모두의 권한을 위임받아 일을 집행하는 책임을 지는 사람이다. 결국, 마을에서 돈 문제가 투명하지 않으면 사람 문제로 번진다.

라. 마을사업 진행의 원칙

많은 마을이 마을의 발전을 위해 마을사업을 원한다. 하지만 발전을 위해 진행한 마을사업이 오히려 분란의 불씨가 되기도 한다. 그래서 마을사업을 하고자 한다면 다음의 원칙을 정해두는 것이 좋다.

① 지자체나 정부의 지원사업을 응모하고자 할 경우, 반드시 임원회의의 의결을 거친다.
② 공모사업 제안은 반드시 임원들과 공유하여 함께 만들어 간다. 이장 혼자 혹은 임원 1인이 혼자서 만들어 제안서를 작성하는 것이 아니라, 시간이 걸려도 분량을 나누어 같이 만드는 과정을 거친다. 할 사람이 없다는 핑계보다 일단 못하더라도 역할을 부여하는 것이 중요하다.
③ 마을 발표자료는 완성이 되면 주민 전체에게 설명하여 사전부터 관심을 가질 수 있도록 한다.

이러한 마을사업 진행의 원칙을 정하는 이유는 일부에 의한 마을사업 진행과 일부 주민만 참여하는 마을사업은 결국, 진정한 주민동의와 참여를 사업이 진행되는 시점에서 보장할 수 없기 때문이다. 더구나 사업공모서 작성을 외부기관에 용역을 주는 형태로 해서 사업을 따내는 것에만 치중하면, 주민뿐만 아니라 추진하는 임원도 사업에 대한 불신이 커진다.

마. 마을행사 공동참여의 원칙

마을행사는 주민의 교류를 위해 하는 일이다. 마을마다 다양한 마을행사를 하지만 정작 좋은 의도로 행한 행사가 실망만 안겨주는 결과를 낳기도 한다. 이는 주민의 참여가 제대로 이루어지지 않기 때문이다. 그래서 마을행사 진행에도 원칙을 정하는 것이 필요하다.

① 마을행사, 청소, 공동 작업 등은 사전 공지 후 자율 참여를 원칙으로 한다.
② 참여자와 참여하지 않는 사람에 대한 형평성을 위해 참여 기록을 남긴다.
③ 고령자나 사정이 있는 사람에 대해서는 배려 기준을 둔다.
④ 모든 공동행동은 '자율 참여'와 '공정한 결과 반영'을 원칙으로 한다.

마을의 모든 일을 공동참여를 원칙으로 하는 이유는 마을의 건강한 문화를 만들어 가기 위함이다. 마을 행사는 이기적인 행위가 아니라 마을 전체를 생각하는 이타적인 마음에서 행하는 공동체 행동이다. 그래서 마을을 생각하는 마음을 주민들이 가지게 하기 위해서는 이타적인 마을의 전통을 만드는 것이 중요하다. 이러한 공동의 행사를 통해 마을 환경의 개선뿐만 아니라 주민들과 함께 마을을 개선해 간다는 동지의식을 만들 수 있다. 이러한 공동체 의식은 마을전통으로 만들어 감에 있어서 강제성 없는 동참 문화를 확산시키도록 한다. 더불어 적극적 참여자에 대한 공정한 평가와 보상 체계는 필요하다.

3) 원칙은 '문서'로 공유하는 것이 좋다

말로만 정한 원칙은 지켜지지 않는다. 그래서 마을은 반드시 운영 원칙을 '문서화'해 두어야 한다.

마을정관에 규정해야 할 내용은 임원회의 의결을 거쳐 총회에서 동의를 거친 후, 정관에 명확하게 명시하는 것이 좋다. 만일 정관의 내용에 포함하는 것이 번거로울 경우, 마을 운영내규로 만들어서 문서화 하는 것도 방법이다.

이렇게 정관이나 운영내규로 만드는 것이 어렵다면 마을에서 사용되는 용어와 방식에 맞게 '우리 마을 운영 원칙'으로 쉽게 풀어 작성하여, 마을회관에 액자로 만들어 게시하거나 주민들에게 복사하여 나누어 주도록 한다. 예를 들면 다음과 같다.

우리 마을 운영 원칙

1. 남의 말 험하게 하거나 뒷담화 하지 않기
2. 회의는 정해진 시간에 시작하고, 늦으면 미리 연락하기
3. 회의에서 결정된 사항은 모두가 따르기
4. 마을 일은 즐거운 마음으로 참여하기
5. 마을행사는 모두가 역할을 분담하기

4) 원칙은 사람을 단속하기 위한 것이 아니다

많은 리더가 원칙을 만들면 주민들이 부담스러워하거나, 거리감을 느낄까 걱정한다. 하지만 실제로는, '명확한 원칙'이 있으면 오히려 주민들은 더 편안하게 참여할 수 있다. 불공정하다는 느낌 없이, 누구에게도 치우치지 않고 운영된다는 신뢰가 생기기 때문이다. 즉, 원칙은 통제 수단이 아니라, 공동체를 위한 울타리다. 울타리가 있어야 아이들이 마음껏 뛰어놀 수 있듯, 운영 원칙이 있어야 주민들도 불편하지 않게 자기 목소리를 낼 수 있다.

사람이 중심이 되는 마을이 되려면, 그 사람들을 보호해 줄 최소한의 기준이 필요하다. 그것이 바로 마을의 운영 원칙이다.

사소해 보이지만, 회의 시간 지키기, 험담하지 않기, 회계 정산 투명하게 하기와 같은 약속이 한 마을의 문화를 만들고, 공동체를 지켜주는 버팀목이 된다.

지금부터라도 마을 운영을 위한 소중한 원칙을 하나하나 적어보자. 우리 마을에는 이런 원칙은 꼭 있어야겠다는 것을 중심으로 적어보자. 주민을 믿지 못해서가 아니라 선의를 가진 주민들이 힘을 발휘할 수 있는 기틀을 만든다는 자세가 첫걸음이기 때문이다.

제2장

주민참여를 위한
판을 짜야 한다

제1장에서 마을 운영의 기초를 만들기 위한 내용을 다루었다. 이제 마을이 한 걸음씩 앞으로 나가기 위한 실질적인 활동을 해보자. 그러기 위해서는 주민들이 마을에 참여할 수 있는 구조를 만드는 것이 가장 중요하다. 아무리 임원들이 노력한다고 해도 주민의 참여가 없다면 이는 사상누각이다. 많은 마을이 처음에는 잘되는 듯 보였다가 금세 발전의 동력을 잃어버리는 이유가 바로 이 때문이다.

필자는 '이장은 마을의 머슴'이라는 말을 싫어한다. 머슴은 창의적으로 일하지 않는다. 그저 주인이 시키는 일만 해내면 되는 것이다. 이 말의 연장선에서 필자는 정치인들이 국민의 머슴이 되겠다는 말을 믿지 않는다. 리더는 앞을 내다볼 줄 알아야 한다. 마을의 장기적인 발전을 위해선 무엇이 중요한지를 인식하고 있어야 한다. 마을의 발전을 위해 무엇이 중요한지를 알고 그에 맞춘 전략을 구사하는 것이 리더이다. 그래서 리더는 마을발전의 가장 핵심적인 요소가 주민참여라는 것을 알고 있어야 한다.

1. 왜 주민참여가 중요한가
2. 이장은 임원과 판을 짜는 기획가여야 한다
3. 울력을 통해 우리 마을이라는 공감대를 형성하자
4. 반 모임을 정기적으로 하자
5. 모두가 즐기는 마을행사를 하자

1. 왜 주민참여가 중요한가?

1) 마을의 미래는 주민의 손에서 시작된다

"이장님, 이번에는 나도 마을회의에 한번 나가볼게요."

강원도 깊은 산골, 마을회관 앞에서 70대 중반의 박 씨 형님이 이렇게 말했을 때, 이장은 조용히 미소를 지었다. 그는 이전까지 회의나 마을사업에는 전혀 관심이 없던 사람이었다. 하지만 마을 꽃밭 조성에 대한 아이디어를 들은 후, 처음으로 회의 참여를 자청했다.

이 장면은 단순한 변화로 보일 수 있지만, 사실 마을에서 벌어지는 '진짜 변화'는 이런 순간에서부터 시작된다. 주민이 '보고만 있던 존재'에서 '함께 만드는 주체'로 전환되는 순간, 마을의 방향은 달라진다.

주민참여는 단순히 형식적인 참여를 넘어, 마을이 스스로 서기 위한 핵심 동력이다. 전문가나 행정이 아닌, 그 마을에서 살아가는 사람들이 스스로 문제를 정의하고, 해법을 찾아가는 과정이 바로 '마을발전'의 본질이다.

2) 주인의식이 만들어지는 과정은 단순하다

마을발전은 외부 전문가가 설계하고 행정이 예산을 집행하는 것으로 이루어지지 않는다. 마을에서 일어나는 변화는 그곳 주민들이 자신들의 생활 속에서 마을을 바라볼 때 진정한 힘을 발휘한다. 주민참여는 마을을 '타인의 영역'에서 '나의 공간'으로 변화시키는 힘이다.

실제로 이 마을에서 마을 꽃밭 조성을 성공적으로 한 후, '마을 공동 장터'를 기획하던 중, 한 할머니가 말했다.

"서울사람들이 우리 마을로 나들이 오는데, 집에서 담근 막걸리랑 김치를 대접했더니, 팔 수 없느냐고 관심을 보이더라고요. 이런 것도 의견이 될까요?"

그 말 한마디에서 마을 장터 아이디어가 출발했고, 그 장터는 지금도 봄·가을마다 열린다. 이렇듯 마을에 거주하는 주민은 별거 아니라는 생각에서 의견을 제시했지만, 그 별거 아닌 생각이 중요한 출발점이 된다. 앞서 제시했던 남의 의견을 비판하지 않는다는 회의 원칙을 지키면, 이렇듯 다양한 의견을 활용할 기회가 생기는 것이다.

주인의식은 이처럼 작은 과정에서부터 시작된다. 회의에 참석하고, 의견을 내고, 더불어 자신의 의견이 채택까지 되면, 구경꾼에서 참여자로 입장이 전환된다. 결국, 주민참여는 회의 참석에서 시작되었지만, 마을의 분위기가 의견을 받아들이는 문화라면, 마을에 대한 애정과 책임감을 자연스럽게 표현하게 된다.

3) 함께 모이는 기회를 만드는 것이 시작이다

오늘날 많은 농촌 마을이 겪고 있는 문제는 물리적인 기반의 부족보다도 '공동체의 해체'다. 이웃 간에도 서로의 이름을 모르는 경우가 있고, 마을 일이 있어도 참여하지 않으려는 경향이 강하다. 그런 마을에서 '함께 모여서 해 보자'는 제안은 때로는 용기가 필요하다. 하지만 누군가가 먼저 나서고, 한두 명이 뒤따르면 분위기는 달라진다.

어느 마을에서 옆집의 할머니가 담근 고추장이 너무 맛있어서, 이사 온 주민이 할머니에게 고추장 만드는 법을 사람을 모을 테니 가르쳐달라고 요청을 했다. 그렇게 시작된 '고추장 만들기 행사'는 처음에는 4명이었던 참여자가 이틀 후에는 14명으로 늘었고, 행사 끝에는 20명이 넘는 주민이 함께하게 되었다. 사람이 모이다 보니 서로를 알게 되었고, 그냥 헤어질 수 없어서 모두 회관에 앉아 식사를 나눴다. 이 마을의 모임은 이제 '장 담그기 모임'으로 발전하여 매년 주민들이 같이 모여 장을 담그고 있다.

이러한 경험은 공동체를 회복하는 데 있어 '모이는 것의 힘'이 얼마나 강력한지를 보여준다.

4) 주민의 의견이 반영되어야 실효성이 있다

마을발전을 위해 잊지 말아야 할 것은 외부 자원을 얼마나 많이 확보하느냐보다 그 자원을 얼마나 마을에 맞게 쓸 수 있느냐이다. 행정이 아무리 훌륭한 지원을 하더라도, 마을의 실제 문제를 아는 주민의 시선이 반영되지 않으면 실효성이 떨어진다.

마을 경로당에 어르신들의 건강관리를 위해 많은 예산을 들여 최신 건강관리기구를 들여놓았지만, 정작 주민들은 '그거 쓰는 법도 모르고, 고장을 낼까 무섭다'며 외면했다. 이런 지원사업은 예산을 반영하기 전에 주민의 의견을 직접 물어보는 기회를 다양하게 가졌더라면, 실효성을 높일 수 있었을 것이다. 반면, 주민들이 마을회의에서 직접 제안하여 채택한 '마실길 걷기 프로그램'은 매주 15명 이상이 모인다. 이러한 차이는 단순히 프로그램의 내용이 아니라, 누가 주도했느냐에 달려 있다.

지금도 주민의 입장이나 의견이 반영되지 않은 정책으로 인해 좋은 의도로 지원한 예산들이 실효성을 거두지 못하는 일이 허다하다. 이러한 측면에서 주민참여는 주민의 의견을 반영하는 것과 같은 의미를 지닌다.

☑ 사례 1. 어르신 손으로 가꾼 마을 공동텃밭

어느 농촌 마을에서는 어르신들의 경로당 식사문제가 안건으로 제시되었다. 경로당에서 매일 점심을 먹는데 재료비가 만만치가 않았다. 물론 군에서 지원을 해주고는 있지만, 이 마을은 경로당에서 공동식사를 하는 어르신들이 많다 보니 이런 문제를 낳고 있었다. 그래서 회의결과, 우리 스스로 해결하자는 의견이 제시되었다. 경로당 뒤편 야산 중턱에 묵은 땅이 있으니 이것을 텃밭으로 가꾸어 식재료를 조달하자고 의결한 것이다.

처음에는 묵은 땅을 누가 일굴 것이냐로 의견이 분분했지만, 이장이 트랙터로 작업을 해주고 나머지는 스스로 하기로 하였다. 과정이 쉽지 않았지만, 한 분이 삽을 들고나오자 또 다른 분이 호미를 들고 따라왔다. 이어서 경로당 회원 모두가 십시일반으로 일손을 보태게 되었다. 처음부터 우리가 할 수 있겠냐고 비아냥거리던 사람도 있었지만, 번듯하게 텃밭이 조성되고 나자 모두 뿌듯해하게 되었다.

그 결과 200평 규모의 공동텃밭이 조성됐고, 이곳에서 생산된 채소는 마을회관 반찬으로 제공되며, 일부는 '우리 동네 꾸러미'라는 이름으로 농사를 짓지 않는 주민들에게 소량이지만 판매하기 시작했다. 그 과정에서 어르신들은 직접 작업 순번을 정하고 건강 상태에 따라 역할을 분장하는 등의 논의를 하며, '우리도 스스로 할 수 있다'라는 자신감과 재미를 느끼게 되었다.

✔ 사례 2. 주민 손글씨로 만든 마을신문

"우리가 뭔 신문을 만들어? 할 수 있을까?"

이런 의구심으로 시작된 마을신문 프로젝트는 지금도 두 달에 한 번 발행되고 있다. 어르신들이 손글씨로 써내려간 마을의 소식과 농사 이야기, 회관에서 있었던 일, 귀촌인 인터뷰까지 담긴 이 소식지는 주민들에게 '함께 사는 감각'을 다시 일깨워주었다.

　마을 소식지라는 결과물을 만들어 낸 것이 중요한 게 아니다. 어떠한 과정을 거쳐 만들었느냐가 중요하다. 한 사람의 노력으로 일방적으로 만들어진 소식지는 보기는 세련되어 보이지만, 지속적인 예산의 투입과 담당자의 노력이 필요하다. 그래서 지속성을 담보하기 어렵다. 하지만 모두가 만드는 소식지는 우리가 만드는 소식지가 된다. 한사람이 서너 문장을 쓰지만 열 사람이 쓰면 다양한 이야기가 담긴 소식지가 되는 것이다. 그래서 이 마을은 손글씨 마을신문을 기획하였고, 모두가 참여하는 방식을 택하였다.

　실제로 마을신문에 자신의 이야기를 써낸 한 노인은 "이번엔 내 얘기도 실렸대서, 3번이나 읽었어요"라며 환하게 웃었다. 참여가 낳은 변화는 이렇게 사람의 마음을 바꾼다.

5) 주민참여는 마을의 지속가능성을 결정한다

　하나의 마을사업이 성공한 후에도 그것을 '유지하고 키워가는 힘'은 결국 주민에게서 나온다. 행정 지원이 끝난 후에도 공동텃밭이 지속되는 이유는, 거기에서 '서로 돌보는 관계'가 생겼기 때문이다.

　하지만 마을 소득사업이 실패로 끝난 또 다른 사례에서는, 주민 대부분이 "그건 이장님이 하는 일이었지, 우리는 잘 몰랐어요"라고 말한다. 지속 가능한 마을은 '누가 시켰기 때문에 하는 것'이 아니라, '우리가 하기로 한 것'에서 출발한다.

주민참여는 거창하지 않다. 처음엔 회의에 한 번 나가보는 일, 함께 김치를 담그는 일, 제안서 작성을 옆에서 구경하는 일일 수도 있다. 그러나 그런 사소한 참여들이 쌓이면, 마을은 바뀐다.

한 어르신은 회의 마지막에 이렇게 말했다.

"나는 마을이 이렇게 다시 살아나는 걸 보게 될 줄 몰랐어. 우리가 다시 같이 뭔가 할 수 있다는 것이 참 좋아."

이 말은 수많은 사업계획서와 보고서보다 더 설득력 있는 마을의 변화 증거이다. 마을발전은 건물이나 예산이 아니라, 사람의 손, 말, 참여에서 시작된다. 그 안에 애정이 있고, 관계가 있고, 책임이 있을 때 마을은 비로소 '살아 있는 공동체'가 된다.

전문가와 행정은 주민의 가능성을 이끌어주는 촉진자일 뿐이며, 진짜 주인은 주민이다. 마을은 결국, 주인인 주민이 나서야 바뀐다. 그리고 그 변화는 언제나 작은 참여에서 시작된다.

2. 이장은 임원과 판을 짜는 기획가여야 한다

1) 리더는 앞장서는 게 아닌, 반걸음 앞서 함께 걷는 사람

　마을 일을 오래 한 분들일수록 이런 말을 자주 한다.
　"이장이라는 게 참 별거 아녀. 그냥 면에서 시키는 일 잘하고, 주민이 원하는 것 들어주고, 봉사한다는 생각으로 내가 조금 더 뛰면 되는 거지."
　하지만 정말 그럴까?
　필자가 경험한 수많은 마을 가운데, 주민이 스스로 움직이고 활기가 넘쳤던 마을은 하나같이 '일만 잘하는' 이장이 아닌, '함께하게 만드는' 리더가 있었던 곳이었다.
　그 리더들은 말없이 앞서가거나, 홀로 짐을 지지 않았다. 대신, 주민들이 한 걸음 따라올 수 있도록 반걸음 앞에서 손을 내밀고, 기다려주는 사람이었다.
　예컨대, 행사 하나를 하더라도 "이거 하겠습니다"가 아니라 "이 일, 누가 같이 해보실래요?", "작년에 ○○님이 고기 구워주셔서 인기 좋았는데, 올해도 같이 해주실래요?"
　이런 식으로 자연스럽게 참여를 유도하는 것이다. 임원은 선두주자가 아니라, 사람을 중심으로 흐름을 설계하는 조율자이다. 그렇기에 '반걸음 앞선 리더십'은 마을을 변화시키는 가장 건강한 리더십이다.

2) 마을 이장의 역할은 '기획자'라는 이름으로 다시 써야 한다

한때는 '이장은 행정과 주민을 연결하는 연락책'이라는 말이 유행했다. 그런데 지금은 다르다. 마을에는 돌봐야 할 어르신도 많고, 임원들도 각자의 생업을 하며 마을 일을 함께하는 게 쉽지 않다. 그러니 누군가는 전체 흐름을 조율하고, 각자 할 수 있는 만큼의 역할을 설계해줘야 한다.

그 역할이 바로 마을의 이장이다. 다르게 말하면, 이장은 마을의 프로젝트 매니저PM라고도 할 수 있다. 예를 들어 한 마을에서는 마을 축제를 준비하며 이런 구조를 짰다.

① 무대 꾸미기: 청·장년회가 맡아서 하며, 무대 디자인 회의 후, 재료는 공동으로 구매한다.
② 음식 준비: 부녀회가 맡고 쉬운 음식과 반찬 중심으로 분담한다.
③ 사진·영상: 귀촌인 중심으로 팀을 구성하여 운영하고 '마을기록팀'으로 명칭을 부여한다.
④ 운영 총괄: 이장과 총무가 맡고 진행 순서표와 역할표를 공유한다.
⑤ 행사장 청소: 노인회가 맡고, 사전 청소 및 사후 청소를 구역을 나누어 분담한다.

이 역할 분담표가 나왔을 때, 주민들은 이렇게 말했다.

"이렇게 나눠놓으니까 내가 뭘 하면 되는지 확 보이네."

기획은 '일을 예쁘게 그려주는 일'이 아니라, '사람이 움직이게 하는 틀'이다.

마을에는 늘 말이 많다.

"요즘은 사람들이 마을 일에 관심이 없어."

"요즘 젊은 사람들은 마을 일에는 손도 안 대."

그런데 막상 귀촌인을 붙잡고 이야기를 나눠보면 이렇다.

"뭘 어떻게 해야 할지 모르겠어요."

"제가 해도 되는 건가, 눈치가 보이더라고요."

이 말은 즉, '하고 싶지 않다'가 아니라, '끼어들 자리가 보이지 않는다'는 뜻이다. 이장이 기획자로서 할 일은 바로 그 자리를 마련해주는 것이다. 누구든 부담 없이 들어올 수 있는 작은 역할부터 만들어주는 것. 그것이 판짜기의 시작이다.

예컨대 마을에 홀로 사는 어르신을 위한 김장 행사라면, 다음처럼 역할을 나눌 수 있다.

* 김장 재료 운반 → 반장 ○명
* 배추 절이기 → 마을 부녀회 ○명
* 김장하기 → 각 반 주민 ○명
* 사진 촬영 및 홍보 → 귀촌인 ○명

* 식사준비 → 노인회 ○명

* 김장 배달 → 각 반 귀촌인 ○명

이렇게 역할이 명확해지면 '다 같이 하는 일'이 된다. 그리고 그 일에 참여한 사람은 마을의 일원이 되는 경험을 한다. 그 작은 판이 주민 한 사람을 '관객'에서 '참여자'로 바꾸는 열쇠가 된다. 주민을 귀찮게 하지 않겠다고 이장과 임원이 나서서 해치우는 것보다 훨씬 바람직하다.

3) 좋은 임원은 무대 뒤에서 사람을 빛나게 한다

60대 중반의 이장이, 30대 귀농인에게 조심스레 말을 건넸다.

"이번에 우리 마을 홍보를 위해 마을 밴드를 새로 만들고 싶은데, 자네가 좀 해줄 수 있을까? 난 그런 건 잘 모르지만, 자네는 잘하잖아."

귀농인은 처음엔 고개를 저었다.

"제가 뭐를요…. 저는 아직도 반상회 나가면 말도 못 꺼내는데요."

그러자 이장은 웃으며 말했다.

"괜찮아. 내가 앞에 서 있을게. 자네는 설명만 해주면 돼."

결국, 그 청년은 마을의 온라인 홍보 담당이 되었고, 그 일을 계기로 마을 주민들과 자연스럽게 어울리게 되었다. 나중에는 직접 '귀농 청년 인터뷰 영상'을 제작해서 군청 공모전에서 입상하기도 했다.

 이러한 역할을 이장과 임원이 함께 해주어야 한다. 임원이 한 걸음 물러나 주었기에, 한 사람이 무대에 설 수 있었다. 이처럼 기획자 역할을 잘하는 이장과 임원은 자신이 빛나기보다, 주민을 빛나게 만드는 사람이다.

4) 행정과 주민 사이를 잇는 '생활 속 통역자'

 요즘 행정기관에서는 다양한 지원사업을 공모한다. 그런데 사업 설명서를 그대로 마을에 가져가서 읽으면 아무도 손을 들지 않는다.
 "저런 건 사무장이 있는 마을이나 하는 거지."
 "복잡해서 뭐가 뭔지 모르겠어요."
 이럴 때 임원은 '행정의 언어'를 '주민의 언어'로 풀어주는 생활 속 통역자가 되어야 한다. 예를 들어 이런 문장이 있다.
 「지역공동체 활성화 교육 지원사업 대상자를 모집합니다.」
  → 마을에서는 이렇게 설명할 수 있다.
 "마을에서 우리끼리 모여서 배우거나 체험하면, 강사도 보내주고 재료비도 지원된대요. 요리도 되고, 공예도 되고, 걷기 동아리도 된다고 하네요."
 이렇게 풀어주는 순간, "어? 우리도 해볼까?"라는 말이 나온다. 임원의 진짜 역할은 '정보를 전달'하는 것이 아니라, '움직임을 번역'하는 것이다.

마을은 단지 몇 개의 지원사업으로 살아나는 공간이 아니다. 마을은 사람들 간의 관계가 엮이고, 소소한 일상이 이어지며, 함께 사는 감각이 회복될 때 다시 살아난다. 그 시작에는 언제나 '함께하자고 말하는 사람'이 있다.

그리고 그 사람은 앞장서지 않지만, 결코 뒤처지는 것도 아니다. 그저 반걸음 앞서가며 주민들을 바라보고, 길을 닦고, 멈춰 있는 사람의 손을 잡아주는 사람이다.

그것이 마을 임원의 참된 모습이다. 임원은 일꾼이 아니라 사람의 가능성을 설계하는 기획자여야 한다.

그리고 이렇게 물을 수 있어야 한다.

"이번 일, 누구와 함께하면 좋을까요?"

"이걸 어떻게 하면, 더 많은 사람이 참여할 수 있을까요?"

이 질문을 던지는 순간, 마을은 조용히 움직이기 시작한다. 임원은 판을 짜고, 그 위에서 사람들이 자연스럽게 춤추듯 움직이는 마을의 무대 감독이 된다. 눈에 띄지 않아도, 그 사람이 있었기에 마을은 살아난다.

3. 울력을 통해 우리 마을이라는 공감대를 형성하자

1) "울력? 그게 뭐예요?"

"이장님, 다음 주에 마을 울력하신다면서요?"

"예, 셋째 주 수요일 오전 8시에 하기로 했어요."

"근데, 울력이 뭐죠? 요즘도 그런 걸 하나요?"

젊은 귀촌인이 물었다. 그 질문에 옆에서 듣고 있던 82세 어르신이 웃으며 말했다.

"울력이 뭔지 몰라? 아이고야, 옛날엔 그게 없으면 마을이 안 굴러갔지."

"논두렁 고치고, 우물 지붕 얹고, 물꼬 트는 거 다 울력이었어."

"돈 없이, 품앗이로. 사람 손으로 해결했지. 그런 게 마을이었어."

울력은 '여럿이 힘을 모아 대가를 바라지 않고 함께 일하는 것'을 뜻한다. 마을에 일손이 부족할 때, 혼자 하기 힘든 일이 있을 때, 이웃들이 모여 품을 나눴다. 돌아가면서 서로 돕고, 밥을 같이 먹고, 웃고 떠들고 그러면서 관계가 자연스레 깊어졌다. 그러니 울력은 단순한 노동이 아니었다. 살아가는 방식이었고, 함께 사는 기술이었다.

"이장님, 저 어릴 땐요. 새마을운동 할 때 아버지가 밤늦게까지 길 닦으러 다니셨어요."

"맞아요. 그땐 자루에 흙 퍼 나르며, 마을 제방도 만들었죠."

"그러고 나면 회관에서 같이 국수 먹고, 막걸리 한 잔 돌리고…."

울력은 1970년대를 통해 또 한 번 빛을 발했다. 마을 길 포장, 마을 창고 짓기, 안길 청소, 우물 만들기…. 모두 주민들이 자발적으로 모여 '울력'으로 해낸 일들이다.

"우리도 한번 잘살아 보자"며 삽을 들었던 그때. 힘들었지만 그 시절 마을에 자부심은 컸고, '이건 우리가 같이 만든 마을'이라는 정서가 지금도 남아 있다.

그 울력, 지금도 필요한 걸까?

2) "지금도 울력이 필요할까요?"

"요즘은 다 바쁘고, 내 일 아니면 안 나서려고 하잖아요."

"맞아요. 새로 지은 집에 누가 사는지도 몰라요."

"마을회관에 나오는 사람만 알고 지내고, 그 외엔 다 따로 사는 느낌이에요."

그 말을 들은 이장은 조용히 말했다.

"그래서 우리가 울력을 다시 시작하려는 거예요. 같이 일하면 말이 트이고, 말이 트이면 사람이 보여요. 같이 일한 사람은 낯설지 않아요."

요즘 마을에는 '관계의 공백'이 크다. 같은 마을에 살아도 서로 모르는 경우가 있다. 하지만 울력은 그 거리를 좁혀주는 가장 따뜻한 방식이다.

3) "우리 마을도 해볼까?"

"이장님, 그러면 우리 마을에서 울력을 어떻게 시작하면 좋을까요?"
"복잡하게 생각하지 말고, 그냥 매달 하루만 정해봅시다."
이렇게 시작하는 것이 '월 1회 울력의 날'이다.

🌱 첫 번째, 날짜부터 정하기

* 매월 셋째 주 토요일 오전 7시
* 계절 따라 시간 조정 가능
* 일주일 전에 마을 방송 또는 문자로 공지
* 일정은 짧게, 1~2시간 이내

너무 길면 다들 부담이 된다. 짧게 하고, 밥 같이 먹는다는 생각으로 하자.

🌱 두 번째, 일은 어렵지 않게

* 마을 입구 풀베기
* 마을 청소
* 회관 창틀 닦기

* 마을 잔치

* 마을 꽃밭 물주기

처음부터 큰일 하려 하지 말자. 풀 하나 뽑고 가도, 그게 울력이다.

🌱 세 번째, 일 끝난 뒤가 진짜 울력

"이장님, 오늘 수고 많으셨어요~"

"고맙습니다. 국수 정말 맛있었어요."

"다음에 또 불러주세요!"

울력 후에 나눠 먹는 국수 한 그릇, 수박 한 조각, 막걸리 한 잔. 사람들은 그 시간을 기다린다. 일하는 것보다 함께 하는 기분이 좋아서 다시 나온다.

4) "참여자는 어떻게 늘려요?"

"처음엔 몇 명 안 나올 거예요."

"저희도 첫 울력 때는 4명이었어요. 그것도 다 임원이었죠. 근데 다음엔 6명, 또 다음엔 9명, 지금은 15명이 넘어요."

이렇게 가벼운 마음으로 시작하는 것이 좋다. 처음부터 참여자가 적다고 실망하지 말자. 꾸준히 하는 것이 중요하다. 울력을 지속하면서 다음의 사항을 실천하는 것도 재미를 늘리는 방법이다.

① **이름 붙이기**: '울력 데이', '마을 사랑의 날', '함께 국수 먹는 날'처럼 재미있는 이름으로 홍보

② **소규모 역할 분담**: "노인회장님, 노인회는 화단 쪽만 부탁드려요" 식으로 구체화

③ **칭찬하기**: "지난 울력 때 ○○ 씨 덕분에 일이 일찍 끝났어요.", "국수 육수 너무 맛있었어요."

④ **계속해서 알리기**: 주민 모두가 마을에서 울력이 있다는 것을 알 수 있게 현수막을 만들어서 홍보하고, 참여하지 않은 주민에게는 무슨 사정이 있었는지 조심스럽게 물어보고, 다음에는 참여 권유

⑤ **기록 남기기**: 사진, 참여자 명부 등을 마을회관 공간에 전시하여 기억을 추억으로 만들기

울력은 마을 일을 하는 것이 목적이 아니다. 주민을 만나게 하여 서로를 알아가게 하는 것이 목적이다. 그래서 강제로 시키지 말고, 자리를 마련해주는 게 중요하다. 주민 모두가 각자의 생활방식이 있다. 모일 수 있는 자리를 꾸준히 만들어 놓고 자발적으로 오게 하면, 다음엔 스스로 움직인다.

5) 울력의 효과

"울력하고 나니까, 마음이 달라졌어요."

"난 그냥 조용히 일만 하고 있었거든요. 근데 그날 같이 일하다

보니까…, 옆집 할머니가 그렇게 재미있는 분인지 처음 알았어요."

"마을행사 때도 늘 조용하던 분인데, 울력 땐 말씀을 어찌나 재미있게 하시는지 즐거웠어요."

이런 이야기들이 마을에 퍼지기 시작하면 사람들이 '이웃'을 '친구'처럼 느끼기 시작한다. 울력은 마을을 바꾼다.

일을 나누는 일이 아니라, 사람과 마음을 엮는 일이기 때문이다.

같이 흙 묻힌 손에는 정이 묻는다. 마을을 마을답게 만드는 건 전봇대도, 가로등도, CCTV도 아니다. 같이 앉아 삽을 들고, 같이 땀을 흘리고, 같이 밥을 나누는 사람들이다.

그걸 가능하게 해주는 울력. 이제 다시 시작해보자.

부담 없이, 가볍게. 딱 한 번부터 시작하자.

그러면 다음엔, "이장님, 다음 울력은 언제예요?" 하고 먼저 묻는 주민이 생긴다.

그렇게 마을은 하나씩, 함께 다시 살아난다.

4. 반 모임을 정기적으로 하자

1) 반 모임이란 무엇인가? - 이웃과의 만남

"이장님, 반상회는 도대체 언제부터 있었던 건가요?"

그 질문을 들은 김 어르신이 전해 들은 이야기라며 옛이야기 하나를 꺼낸다.

"옛날엔 다섯 집이 한 통이었데. 서로 감시도 하고, 도둑이 생기면 같이 책임도 졌데. '오가작통법'이라고 했다는데, 지금 생각해 보면 그게 반상회랑 성격이 비슷한 것 같아."

실제로 반상회의 뿌리는 조선 시대의 '오가작통제'에 있다. 이는 다섯 집을 하나의 단위로 묶고, 그 안에서 서로를 살피며 문제가 생기면 함께 책임지는 구조였다. 형식은 공동 감시였지만, 내용은 서로를 돌보는 일상이었다. 지금처럼 이웃이 낯설던 시절이 아니었기에, 함께 모여 소식을 나누고 생활을 조율하는 것이 자연스러웠다.

이 제도는 일제강점기를 지나, 해방 이후 정부 주도의 반상회로 계승되었고, 특히 1970년대 새마을운동과 더불어 전국의 모든 반 단위에서 정기적인 회의로 정착되었다. 당시에는 '관에서 내려온 지시사항'을 전파하고, 마을 현안을 전달하는 공식적인 회의체였다. 하지만 시간이 흐르면서 관 주도의 방식은 점점 형식화되었고, 사람들은 '회의'에 지쳤고, 결국 반상회는 점점 사라지게 되었다.

그런데 오늘날, 아이러니하게도 바로 이 사라졌던 반상회가 다시 필요해지고 있다.

2) 지금, 왜 반 모임이 다시 필요한가?

요즘의 마을은 예전과 달라졌다. 회관을 중심으로 한 '전체 모임'은 있지만, 생활권이 가까운 이웃끼리 만나 이야기를 나눌 기회는 거의 없다.

예를 들어 집 앞 골목이 어두워 불안하다는 이야기, 같은 마을 상수도를 사용하는데 먹는 물이 아니라 밭에 주는 물로 사용하기 때문에 생긴 갈등, 새로 이사 온 이웃을 잘 모르는 데서 오는 서먹함…. 이런 일들은 반 전체, 소단위의 관계 속에서 풀어야 더 자연스럽다.

이런 이유에서, 지금 우리에게 필요한 반 모임은 '전체 마을 회의'가 아닌, 반 단위, 즉 더 가까운 이웃과의 소규모 이야기 자리다. 반상회는 사라진 회의가 아니라, 잠들어 있던 공동체 감각을 다시 깨우는 기회다. 지금 반 모임을 다시 시작해야 하는 이유는 다음과 같다.

먼저, 요즘 마을에는 작은 이야기를 나눌 공간이 없다. 회관에서 하는 전체회의는 형식적이고, 소소한 생활 이야기는 나누기 어렵다. 반 모임은 바로 그런 생활밀착형 문제를 가장 가볍고도 자연스럽게 꺼낼 수 있는 자리다.

또한, 이웃과 교류가 단절되면 오해가 생긴다. 작은 일도 말 한마디 없이 진행되면 불만이 되고, 결국 마을 안의 거리감은 더 깊어진다. 반 모임은 오해를 풀고, 불필요한 갈등의 싹을 미리 자르는 역할을 한다.

반 모임은 또한 공동체 기반 사업의 시작점이 된다. 무엇이든 사람을 모아야 시작된다. 그 첫 단계로 반 모임만큼 좋은 기반은 없다.

마지막으로, 반 모임은 신규 주민, 귀촌 가족들이 가장 먼저 소속감을 느끼는 공간이 된다. 전체회의보다 소규모 대화가 훨씬 편하고, 작은 환영의 말 한마디가 큰 정착의 계기가 되기도 한다.

3) 반 모임을 잘 여는 법 - 딱딱한 회의보다 부드러운 이야기

"그런데 이장님, 반 모임 한다고 해도 사람들이 안 나올 것 같아요. 요즘은 다들 회의 싫어하잖아요."

이 말은 옳다.

그래서 반 모임은 '회의'가 아니라 '이웃들과 함께하는 이야기 시간'으로 설계되어야 한다. 잘 되는 반 모임은 하나같이 형식보다 분위기를 먼저 만든다.

어떤 마을은 반장 집 마당에 평상을 놓고 감자전을 부쳐 먹으며 반 모임을 시작했고, 어떤 마을은 골목길 정리 후 아이스크림을 나누며 자연스럽게 이야기를 이어갔다.

"이번에 화단에 꽃 심는 거 어떻게 해요?"

"물탱크 고장 났을 때 다들 어떻게 하셨어요?"

"이번에 이사 오신 ○○님, 아이 학교 문제 괜찮으세요?"

이렇게 가벼운 주제로 일상 속에서 자연스럽게 시작된다.

회의 진행은 반장이나 순번을 정해 맡기면 참여를 유도할 수 있다. 반 모임에는 따뜻한 차 한잔, 떡 한 접시라도 함께 나누며 하는 것이 좋다. 이후에는 참여자들에게 '지난 모임에서 나온 의견이 이렇게 반영됐다'라고 작게라도 피드백을 주는 것이 중요하다.

회의 같지 않지만, 회의보다 훨씬 더 중요한 결정이 내려지고, 사람 사이의 신뢰가 만들어지는 것, 그게 바로 좋은 반 모임의 모습이다.

4) 반 모임이 가져오는 변화 – 관계는 말에서 시작된다

실제로 반 모임을 다시 시작한 마을의 주민들은 이렇게 말한다.

"예전에는 우리 반에 누가 사는지도 몰랐는데, 지금은 이름도 알고, 마을 잔치 때 같이 일도 하게 됐어요."

"이사 와서 친구를 사귀고 싶어 했는데, 반모임에서 만나니까 자연스럽게 시장도 같이 가게 됐어요."

이처럼 반 모임이 부활하면서 생기는 변화는 크고 분명하다. 면

저 주민 간의 소통이 살아난다. 정기적으로 얼굴을 보니 말이 트이고, 작은 오해나 갈등도 금방 풀 수 있게 된다.

또한 마을 일에 자발적으로 참여하는 주민이 늘어난다. 반 모임에서 의견을 내본 사람은, 다음엔 마을 일에도 직접 행동으로 나선다.

생활 속 아이디어도 자연스럽게 생긴다. 반 모임에서 제안된 공동꽃밭, 가로등 설치, 마을 농장 만들기 등이 실제 주민참여 사업으로 이어진 사례는 이미 많다.

무엇보다 신뢰가 쌓인다. 사람은 말을 통해 알게 되고, 들은 만큼 가까워진다. 결국, 작고 따뜻한 모임에서 마을이 살아난다

마을을 변화시키는 건 큰 회의나 멋진 계획이 아니다. 바로 옆집 사람과 마주 앉아 이야기를 나누는 것, 그것이 마을의 시작이다. 반모임은 이웃과 가까워지는 문턱을 낮춰주고, 마을에 살고 있다는 감각을 선물해주는 자리이다.

이제 다시, 소박한 모임 하나부터 시작해보자.

말이 오가면, 마음이 열리고, 마을이 하나 된다.

5. 모두가 즐기는 마을행사를 하자
– 손님이 아니라 주인으로, 모두가 웃는 날을 만들자

1) "행사요? 부녀회만 죽어납니다" – 마을행사의 오래된 문제

"이장님, 이번 복놀이 누가 준비해요?"
"예전처럼 부녀회가 맡아야죠, 어르신들 대접도 해야 하고…."
"그런데요, 이제 우리도 힘들어요. 몇 명만 계속하다 보니 지쳐요. 솔직히 말해서 이제는 하기 싫어요."

이런 대화는 어느 마을에서나 들어보았을 법한 이야기이다. 마을마다 봄에는 마을 관광, 여름에는 복놀이, 가을에는 면민 체육대회, 그리고 어버이날 즈음에는 경로잔치 등.

이런 행사는 마을의 전통이자 자랑이지만, 늘 같은 사람이 준비하고, 나머지는 손님처럼 앉아 즐기기만 하는 구조가 문제이다. 실제로 어떤 마을에선 부녀회 회원 수가 줄어드는 이유를 이렇게 말한다.

"일은 늘어나는데, 도와주는 사람은 없고, 우리만 매년 음식 준비하고 끝나면 치우고, 남들은 먹고만 가고. 이게 반복되니 다들 빠지려고만 해요."

더 큰 문제는, 이런 구조가 마을행사를 마을의 일이 아닌 '누군가의 수고'로 여기게 만든다는 점이다. 행사의 의미는 퇴색되고, 준비자는 지치고, 참여자는 점점 수동적으로 바뀌게 된다.

갈수록 고령화되어가는 농촌에서, 이런 방식은 결코 지속 가능하지 않다. 이제는 바뀌어야 한다. 모두가 준비하고, 모두가 즐기는 마을행사로.

2) "다 같이 해야 즐겁죠" – 모두가 즐기는 행사를 위한 조건

"이장님, 근데 다 같이 한다는 게 쉽나요?"
"마을엔 연세 많으신 분도 많고, 어떤 분은 말 걸기도 어려워요.
"게다가 젊은 사람들은 바쁘다고 빠지잖아요."

이런 걱정은 당연하다. 하지만 다른 각도에서 보면, 사람들은 참여하고 싶지 않은 것이 아니라, 참여할 '자리'가 없는 것일 수도 있다. '내가 있어야 할 이유'를 못 느끼는 것일 수도 있다.

그래서 모두가 즐기는 마을행사를 만들기 위해선 세 가지 조건을 꼭 갖춰야 한다.

① 누구나 할 수 있는 '작은 역할'을 만든다.

모두가 주도할 필요는 없다. 대신 누구나 한 가지라도 참여할 수 있는 구조를 만들어야 한다. 예를 들어, 어르신들은 회관청소를 해

줄 수도 있고, 젊은 사람들은 식탁을 배치하거나 상을 차리는 것을 도와줄 수도 있고, 음악을 좋아하는 사람은 음향 기기를 가져와서 음악을 틀어줄 수 있고, 남성들은 천막 설치나 짐 나르기를 맡을 수 있다. 식사가 끝나면 마을의 남자 임원들이 고무장갑을 끼고 설거지를 해도 된다.

작은 일이지만, 그 일을 '내가 도왔다'라는 인식은 행사에 대한 정서적 소속감을 만들어낸다.

② '준비' 과정부터 함께해야 한다.

준비는 행사만큼 중요하다. 행사 전에 모여 "이번엔 뭘 해볼까?"를 함께 이야기하는 단계부터가 이미 마을행사의 절반이다. 이야기 과정에서 웃음도 나오고, "작년엔 이거 인기 많았잖아" 같은 추억도 공유되고, 그 속에서 다음 세대가 경험을 배우고 자연스럽게 전승이 된다. 준비과정에 참여한 사람은 행사 날이 되면 단순한 관람자가 아니라, 주인이 된다.

③ "누구 덕분에 됐어요"가 아니라 "우리가 모두 같이 했어요"라는 말이 나와야 한다.

마을행사에는 어쩔 수 없이 중심인물이 생기지만, 결과적으로는 누구 하나가 주인공이 아닌 행사여야 한다. 이를 위해선

* 모두가 작은 역할이라도 있어야 하고
* 찍은 사진이 행사 후에 게시되고

* 뒷정리까지 '함께 마무리하는 시간'을 갖는 것이 중요하다.

"이번 복놀이, 다들 수고 많으셨어요." 이 한마디보다 더 중요한 건 "우리 다 같이 했어요. 이번엔 진짜 재밌었어요"라는 말이 자연스럽게 나오는 것이 더 좋다.

3) "어떻게 해야 진짜 다 같이 즐길 수 있을까?"

"그럼 이장님, 대체 어떻게 해야 하나요?"
"방법을 좀 알려주세요. 그냥 '다 같이 하자'고만 해선 안 되잖아요."
그래서 필자가 현장에서 체험한 검증된 몇 가지 방법을 제안한다.

① 행사계획단을 '자율 신청'으로 꾸리기

마을 임원들이 모든 걸 짜기보다는 행사 2달 전쯤, "마을 축제 준비팀 모집합니다. 누구든 1~2명만 모이셔도 좋아요." 이런 공고를 내 자발적인 소모임 중심의 분야별 준비단을 구성한다. 그러면 예상외로 새로운 사람이 손을 들 수도 있다. 손을 드는 사람이 없어도 상관이 없다. 계속 이러한 시도를 하다 보면 언젠가 그런 사람이 나타난다. 그들이 무언가를 맡는 순간, 그들의 친구와 가족도 따라온다.

② 역할을 쪼개서 '할 수 있는 만큼' 맡게 하기

'ㅇㅇ씨는 장을 보는 팀, △△씨는 사회 보는 팀, ㅁㅁ어르신은 복주머니 만드는 팀'처럼 역할을 작게 나눈다. 가능하다면 각 반별로 한 가지씩 맡게 해도 좋다. '책임자'가 아닌 참여자 중심의 구조로 설계해야 스트레스가 줄고, 협조가 많아진다.

③ 행사의 일부를 '참여형'으로 구성하기

공연만 보고, 음식만 먹고 끝나는 행사는 지루하다. 한 코너라도 직접 참여할 수 있는 참여형 콘텐츠를 넣어야 사람들이 몰입하게 된다. 다음과 같은 예를 들 수 있다.

* '우리 동네 백일장'
* '할머니 장아찌 시식회'
* '우리 마을 윷놀이 한판'
* '봉숭아 물들이기 체험'
* '마을 사진전 – 내가 찍은 우리 동네'

이런 것 하나가 "이번엔 진짜 좋았어"라는 말을 끌어낼 수 있다.

④ 행사 후 마무리하기

행사가 끝나고 그냥 흩어지지 말고 '이번에 어땠는지 짧게 이야기 나누어 보자'는 작은 품평회를 마련하자.

* 좋았던 점
* 아쉬운 점
* 내년에 하고 싶은 점

이 과정에서 행사가 점점 마을의 전통으로 굳어지고, 다음 행사의 책임도 자연스럽게 분산된다.

4) 모두가 함께한 마을행사는 마을을 바꾼다

"이장님, 이번엔 진짜 재미있었어요. 같이 고기 구워보고, 복주머니도 만들고…. 저 처음으로 뭔가 참여해봤는데, 이런 게 마을이구나 싶었어요."

마을행사 후, 한 귀촌 가족이 건넨 말이다. 그 말을 들은 부녀회장도 웃으며 말했다.

"이번엔 우리도 음식만 하지 않아서 좋았어요. 다 같이 했더니, 힘도 덜 들고, 더 재밌었어요."

모두가 함께한 마을행사는 단순히 하루를 즐겁게 보내는 자리를 넘어서 마을의 관계를 바꾸고, 공동체를 강화하는 계기가 된다. 이것을 구체적으로 표현하면 다음과 같은 효과로 제시할 수 있다.

① **주민 간의 벽이 낮아진다.** 서로 알지 못했던 이웃과 말이 트이고, 얼굴을 익힌다.

② **참여자가 늘어나며 자기 역할이 생긴 주민이 많아진다.** 행사는 끝났지만, 다음에도 할 수 있다는 자신감이 남는다.

③ **마을이 '기억'을 공유하게 된다.** 사진첩, 영상, 주민들의 이야기, 어르신들의 칭찬…. 이 모든 것이 마을의 공동 자산이 된다.

주민들은 '이 마을에 사는 이유'를 느끼게 된다. '내가 있는 곳', '내가 만든 행사', '내가 웃은 자리', 바로 이것이 공동체의 감각이며, 마을이 살아 있다는 증거이다.

마을행사는 누군가가 수고하고 누군가는 즐기는 자리가 아니다. 모두가 함께 수고하고, 모두가 함께 웃고, 모두가 함께 추억을 만드는 시간이어야 그것이 진짜 마을행사이다.

이제는 우리 마을도 주인이 있는 행사, 그리고 그 주인이 모든 주민인 즐거운 마을행사를 만들어보자. 그때부터 마을은 단순한 장소가 아니라, 기억이 살아 숨 쉬는 공간이 될 것이다.

제3장

마을도 성장의 단계가 있다

지금까지 마을의 운영을 위한 기초의 정립과 주민참여의 중요성 및 구체적인 방법에 대해 알아보았다. 이제부터는 본격적으로 마을이 성장하는 과정을 알아보기로 한다. 마을도 우리가 아이를 키울 때처럼 성장의 단계가 있다. 초등학교, 중학교, 고등학교, 대학교의 과정을 거치듯이 마을도 하나의 공동체로서 완전히 자리 잡기 위해서는 각각 거쳐야 할 성장의 단계가 있는 것이다. 필자는 오랜 마을 컨설팅 경험을 통해 이를 네 가지 단계로 제시하고자 한다.

1. 생활공동체라는 인식의 확보가 먼저다
2. 주민의 역량을 강화하기 위한 학습공동체가 필요하다
3. 경제공동체는 목표가 뚜렷해야 한다
4. 결국, 마을은 나눔공동체를 지향한다

1. 생활공동체라는 인식의 확보가 먼저다

1) 농촌 마을, 이웃을 잘 모르는 공동체

"요즘은 이사 온 사람이 누군지 이름도 몰라요."
"복놀이 해도 똑같은 사람만 나와요."
"회관에도 안 오고, 누가 사는지 알 수가 없어요."

이야기를 들어보면, 오늘날 많은 농촌 마을 주민들은 같은 공간에 살고 있음에도 불구하고 공동체 의식이 약화되어 있다는 인식을 공유하고 있다. 그 원인을 조금 더 깊이 있게 접근해보자.

한국 농촌은 오랜 세월 동안 촌락 중심의 유기적 공동체로 유지되어 왔다. 우물가에서의 만남, 마을 앞 논두렁에서의 작업, 장날에 함께 버스를 타는 일상 속에서 사람들은 자연스럽게 얼굴을 익히고, 관계를 맺었으며, 그로 인해 '같이 살고 있다'라는 감각을 무의식적으로 체득했다.

하지만 현대 농촌은 이러한 전통적 생활양식이 급격히 해체되고 있다. 이러한 변화의 주요 요인은 다음과 같다.

* 개인 소유의 교통수단 확대 → 공동 이동 단절
* 각 가정의 주방, 수도, 농기계의 확보 → 상호의존성 감소
* 고령화와 1~2인 가구 증가 → 공동생활 양식 붕괴
* 귀농 · 귀촌 가구 유입 → 기존 주민과의 인식 차이
* 스마트폰, TV 등의 발달 → 회관 중심 생활 감소

이런 구조적 변화는, 사회적 상호작용의 기회를 줄이고, 마을 내 비공식적 소통 채널을 약화시켰다. 그 결과, 마을 안에서 서로 신뢰할 수 있는 사회적 자본social capital이 축소되고 있으며, 이는 곧 마을의 문제 해결력과 상호 신뢰 기반을 약화시키는 요인이 된다.

2) 단절은 문제를 만든다 - 생활공동체 부재의 실질적 결과

어느 마을에서 실제 있었던 일이다.

60대 중반의 A씨는 노모와 둘이서 살고 있었다. 어느 날, 노모가 갑작스럽게 쓰러졌고, 마을에 없었던 A씨는 뒤늦게 이 사실을 알게 되었다. 마침 이장도 마을에 없었고, 이웃 사람도 집에 없었다. 지나가던 주민이 발견하고 119를 부르기까지 2시간이 넘게 걸렸고, 병원에 도착했을 때는 이미 회복이 어려운 상황이었다.

나중에 사석에서 A씨는 이렇게 말했다.

"어머니가 아프신데, 외출하면서 누구에게 부탁하고 가야 할지 몰랐어요. 옆집도 사정이 있을 것이고, 평소에 이런 부탁을 할 만

큼 가깝게 지내지를 않으니…. 예전의 이웃이 아니라, '모르는 사람'이 돼버린 것 같았어요."

이 사례는 단순한 위기 대응의 문제가 아니라, 생활공동체 해체가 주민의 생존과 삶의 질에까지 영향을 준다는 사실을 보여준다. '나는 괜찮겠지'가 아니라 나에게도 언제든지 일어날 수 있는 일인 것이다. 관계의 단절은 나의 일상을 위협하는 중요한 요인이 될 수도 있다.

3) 생활공동체, 어떻게 만들 것인가?

사회학자 로버트 퍼트남Robert D. Putnam은 『Bowling Alone』에서 "공동체 내 자발적 결사체와 상호작용은 사회적 신뢰를 높이고, 민주주의의 작동을 가능하게 한다"고 강조했다. 퍼트남의 이론에 따르면, 공동체는 단순한 관계의 총합이 아니라 '상호작용의 빈도와 질'로 구성되는 사회자본의 그물망이다.

농촌 마을에서 생활공동체란, 이 상호작용의 가장 기초적인 층위에 해당한다. 그렇다면, 농촌의 생활공동체를 어떻게 회복할 수 있을까?

가. '함께 땀 흘림'이 만드는 정서적 유대

관계의 회복은 교류의 증진에서 시작한다. 주민의 교류 증진을 위해서는 공동의 목적을 가지고 공동으로 땀을 흘리는 것만큼 좋은 방법은 없다. 이기적인 목적이 아닌 이타적인 목적으로 행하는 울력은 그래서 관계의 회복에 있어 중요하다. 울력은 공동의 노동을 통해 공동체적 소속감을 높이는 전통적 방식이다. 즉, 공동의 노동은 일상 속에서 자연스럽게 형성되는 공감대를 만들고 상호이해를 촉진하게 된다. 특히 정기적인 울력은 주민 간 관계 회복에 효과적이다.

- ☑ 예: 매월 1회 정해진 마을 공동의 일 하기
- ☑ 각 반이나 단체별로 역할을 맡아서 진행 → '우리 일'이라는 책임감 형성
- ☑ 작업 후 회관에서 국수 한 그릇 나누기 → 공동체 연대감 경험

나. '같이 하는 시간'이 공동체를 만든다

복달임(복놀이), 면민 체육대회, 장 담그기, 마을 걷기대회 등은 단순한 이벤트가 아닌, 마을 내 사회적 자본의 재생산 기회다. 이러한 시간은 구성원들 간 비공식적 관계망을 회복시키고, '우리 마을'이라는 정체성을 강화한다.

"올해도 우리 복달임하죠?"

"작년처럼 반별로 음식 준비하고, 노래자랑도 하고요."

"부녀회가 힘들다 해서, 청·장년회도 같이 하기로 했어요."

이렇게 되면, 행사가 먹는 날이 아니라 생활 속 관계를 복원하고 확장하는 '생활문화의 장'이 된다.

다. 소모임과 반별활동 - 생활 단위의 조직 활성화

독일의 사회학자 퇴니스F. Tönnies는 '공동사회Gemeinschaft'와 '이익사회Gesellschaft'를 구분하면서 전통 사회의 공동체는 감정과 일상에 기반한 '공감의 집합체(게마인샤프트)'라고 설명했다.

이러한 관계성은 대규모 회의보다 반별 모임, 소규모 울력, 골목 단위의 소통에서 더 효과적으로 복원된다. 예를 들면 다음과 같은 것들이다.

- ☑ 반별로 반장 중심의 모임 정례화
- ☑ 아침 운동, 산책모임, 장터 동행 등
- ☑ 회관 대신 작은 공간(정자, 마당, 텃밭)을 활용한 만남

라. 생활공동체가 회복되면, 마을은 바뀐다

생활공동체는 한마디로 주민들이 '우리 마을'이라는 인식을 공유하게 되는 것이다. '우리 마을'이라는 인식이 없는 상태에서는 어떠한 시도도 효과를 발하기가 어렵다. 대한민국 국민으로서 '우리나라'라는 인식이 없는 가운데 어떻게 애국심을 이야기할 수 있겠는가. 마을도 마찬가지이다.

생활공동체가 회복되면, 마을은 눈에 띄게 변하기 시작한다. 기대되는 효과는 다음과 같다.

① **사회적 자본의 복원이다.** 즉, 주민 간의 신뢰와 협력이 강화되는 것이다.

② **복지와 돌봄이 지역 내 선순환된다.** 주민의 위험 징후 조기 발견, 독거노인 모니터링, 상호 돌봄 문화 형성 등이 그 효과이다.

③ **갈등의 사전 예방 및 조정 기능이 회복된다.** 얼굴을 아는 이웃 간에는 불필요한 분쟁이 줄어들며, 문제가 발생해도 회복적 대화가 가능해진다.

④ **주민참여의 기반이 확대된다.** 생활공동체 경험을 통해 주민 스스로 마을 일에 참여하고자 하는 의욕이 증가한다.

4) 지속을 위한 전략

이러한 생활공동체 인식이 주민에게 정립되어 '우리 마을'이라는 인식이 생기게 되면, 이를 지속하는 것이 중요하다. 이를 위해서는 다음의 제안을 활용하자.

가. 공동체 활동의 정례화

일정한 패턴으로 생활 속에 스며들도록 구성하는 것이 중요하다. 예를 들어 매월 첫째 주 토요일은 울력 후 국수 먹는 날, 셋째 주는 걷기 운동 후 회관에서 다과회 하는 날 등으로 정례화하는 것이 중요하다.

나. 역할의 분산과 여러 연령대의 다층적 참여 구조 만들기

연령대별로 관심 있는 분야에 대한 소모임 구성을 장려한다. 이는 다양한 주민과의 접촉을 계속해서 확보하기 위해서다.

다. 성과를 눈에 보이게 한다

사진 게시, 활동 후기 나눔, 감사 카드 작성 등. 주민의 기여를 '보이게' 하여 지속적 참여 동기를 유도한다.

'마을도 성장의 단계가 있다'라는 말은, 그 자체로 공동체에 대한 매우 함축적인 말이다. 생활공동체는 마을 성장의 출발점이자, 모든 공동체 활동의 뿌리라고 할 수 있다.

이 뿌리가 튼튼하지 않으면 학습도, 경제도, 나눔도 결과적으로 만들기 어렵다. 우리는 이 단순하지만 중요한 사실을 다시 기억해야 한다. "같이 살고 있다는 것을, 같이 살아가고 있다는 느낌으로 바꾸는 것", 그 지점이 바로 생활공동체의 본질이다.

이러한 생활공동체는 함께 흘리는 땀, 함께하는 시간에 의해 형성된다. 이를 통해 '우리 마을'이라는 인식을 주민들이 가지게 되는 것이 목표이다.

2. 주민의 역량을 강화하기 위한 학습공동체가 필요하다

경로당 앞 평상에서 마주 앉은 두 노인은 오늘도 나름의 '공부'를 하고 있다. 한 사람은 스마트폰으로 유튜브에서 건강 정보를 들려주며, 다른 한 사람은 마을에 새로 생긴 '소득 작물 키우기 소모임'에서 배운 걸 꺼내 놓는다.

"그거는 말이야, 농약보다도 퇴비를 잘 써야 한다더라고."

"그래? 그것도 강사님이 알려주셨나?"

"그럼, 시청에서 나온 선생님인데 말도 잘하고, 우리한테 맞게 가르쳐줘서 좋더라고."

이 마을에서 몇 해 전부터 시작된 작은 변화는 바로 '공부하는 마을'이 되겠다는 선언에서 비롯되었다. 처음엔 어르신들을 대상으로 스마트폰 배우기 강좌 한 번 여는 데도 큰 용기가 필요했다. 그런데 이제는 주민 스스로 강좌를 기획하고, 참여하고, 때로는 강사로 나서는 사람도 생겨났다. 이것이 바로 학습공동체의 시작이었다.

1) 학습공동체의 개념

학습공동체란 마을 주민들이 각자의 삶의 주체로서 배우고, 나누고, 실천하는 주민 주도형 학습 조직을 말한다. 여기서 '학습'은 단지 지식을 습득하는 것을 의미하지 않는다. 그것은 주민의 관심사에서 시작하여, 공동체가 성장하고 변화하는 토대를 구축하는 사회적, 실천적 배움이다.

이러한 학습은 다양한 형태로 존재할 수 있다. 예를 들어 다음 단계인 경제공동체를 위한 농업기술 학습이 될 수도 있고, 주민 간 관계 회복을 위한 감정 표현과 소통 교육, 마을 운영역량을 키우는 리더십과 마을 운영 교육 등도 포함된다.

지속 가능한 마을은 끊임없는 학습을 통해 만들어진다. 학습을 통해 역량을 축적하지 않은 마을은 소득을 통한 일시적 자립은 있을 수 있으나, 장기적 관점에서의 자립은 이루지 못한다. 많은 마을이 마을 만들기를 통해 처음에는 의욕이 넘치지만, 시간이 지날수록 갈등이 발생하고 리더에 대한 불신이 생겨나는 것은 학습을 통한 배움으로 사회적 신뢰가 커지지 않았기 때문이다.

마을을 학습공동체로 탈바꿈하는 것은 우리가 인생을 살면서 끊임없는 배움을 통해 세상을 보는 올바른 눈을 가지려고 노력하는 것과 같다. 저절로 이루어지는 것은 없다. 세상의 이치도 마찬가지이다. 그릇된 정보와 편협한 인식이 마을에 자리 잡는다면, 마을은 갈등이 생길 수밖에 없다. 그래서 생활공동체의 형성을 통해 우리 마을이라는 인식이 생기면, 주민의 역량을 지속적으로 강화하기 위한 학습공동체로의 도약이 필요한 것이다.

2) 학습공동체가 필요한 이유

가. 변화에 대응하기 위한 생존전략

고령화와 기후위기, 귀농·귀촌 인구 유입, 디지털 전환 등 농촌은 지금 큰 변화의 소용돌이 속에 있다. 그러나 이러한 변화는 정보와 재원이 부족한 농촌에 '기회'보다는 '위기'로 다가온다.

* 농업기술은 해마다 바뀌고,
* 정부 지원정책은 이해하기 어려우며,
* 디지털 환경은 너무 낯설다.

이때 필요한 것은 대단한 시설이 아니라, 작은 배움의 공간이다. 그 안에서 새로운 지식을 나누고, 변화를 이해하고, 마을의 선택을 논의할 수 있어야 한다.

나. 학습은 주민자치 실현의 기반

진정한 주민자치는 '배우는 주민'에서 시작한다. 마을총회에서 주도적으로 의견을 내고, 마을 발전의 한계를 이해하며, 세상의 변화 방향을 이해하려면 기초적인 학습이 필요하다.

예컨대, 한 마을에서는 '마을회의 잘하는 방법'을 주민에게 알려주기 위해 '우리 마을 소통교실'을 4회에 걸쳐 열었다. 그 결과 회의 참여율이 30%에서 72%로 상승했고, 신규 주민의 발언도 증가했다.

리더가 제도와 사회의 흐름을 이해하지 못하고, 자신의 경험에 근거한 감정만으로 마을을 이끌어 갈 수는 없다. 주민도 마찬가지이다. 혼자서 배움의 기회를 가질 수도 있지만, 함께 배우는 기회를 통해 공감대를 형성할 수 있다. 지방자치는 지성이 있는 주민들이 합리적인 생각을 올바른 방향의 행동으로 옮기는 것에서 시작한다. 마을 자치가 되지 않는 상황에서 지방자치가 이루어질 수 없는 이유이다.

다. 공동체 관계 회복의 기회

학습은 단지 뇌를 자극하는 것이 아니라 사람 사이의 거리를 좁히는 일이다. 함께 배우는 과정을 통해 오해가 풀리고, 성격이 다른 이웃끼리도 소통할 수 있다. 특히 세대 간 갈등이나 귀농·귀촌인의 이질감을 해소하는 데 있어 학습은 효과적인 도구가 된다.

많이 배운 사람은 많이 배웠기에 더 배울 것이 없다는 말을 하지 않는다. 세상의 진리를 탐구하는 것은 우리가 생을 다 할 때까지 노력하여도 여전히 어렵기 때문이다. 그래서 진짜로 많이 배우고자 하는 사람은 자신의 유식함을 자랑하지 않고, 자신의 어리석음을 감추려 하지 않는다. 늘 남의 말에 귀를 기울이고, 모든 사람에게서 배우고자 한다.

이러한 자세를 가진 사람들이 모여 관계가 회복되고, 서로에 대한 존중이 형성되며, 그러한 마음이 모여 마을을 발전시키는 행동으로 이어진다.

3) 학습공동체의 유형

마을에서 학습공동체는 다양한 유형으로 발현될 수 있다.

① **주민의 관심을 기반으로 한 취미나 소일거리 중심의 학습공동체가 있을 수 있다.** 예를 들면 뜨개질, 서예, 민화, 생활요리, 악기 배우기 등이다.

② **지식을 기반으로 한 인문 · 역사 · 문화 중심의 학습공동체이다.** 이러한 모임에서는 마을 인문학 강좌, 한글 배우기, 글쓰기반, 책 읽기 모임 등이 이에 해당한다.

③ **생업을 기반으로 한 소득과 관련된 실용학습 모임이다.** 작물 재배기술, 농산물 유통, 농산물 가공 교실 등의 운영이 이에 해당한다.

④ **관계에 관해 알고 싶어 하는 모임이다.** 관계 형성과 감정 표현 중심의 학습을 하는 소통, 갈등 관리, 가족 관계 관리 학습 등이 이에 해당한다.

⑤ 마을발전을 위한 마을 운영, 주민자치와 관련된 리더십 학습이다.

이러한 유형은 마을의 수준과 특성에 맞추어 우리 마을은 어떤 유형을 어떤 시기에 운영할 것인가를 전략적으로 선택하여 운영해야 함을 보여준다.

4) 학습공동체 실현을 위한 실행 단계
가. 주민 수요조사: '무엇을 배우고 싶은가'부터

학습의 시작은 '알아서 정한 강의'가 아니라, 주민의 내면에서 솟아오른 배움의 욕구이다. 이를 파악하려면 주민 맞춤형 방식이 필요하다. 주민의 수요를 파악하는 방법은 다음과 같은 방법을 쓸 수 있다.

① '배움의 지도' 붙이기

마을회관이나 경로당의 잘 보이는 벽에 "나는 이런 걸 배우고 싶다"라는 주제로 큰 종이를 붙여 놓고 포스트잇으로 붙이게 한다. 예를 들면, "스마트폰으로 사진 잘 찍기", "김치 맛있게 담그기", "손주들의 사고방식 이해하기" 등을 예시로 제시하되 아무것이나 쓸 수 있다고 하고 무기명으로 한다는 원칙을 알려준다.

② 직접 인터뷰법

반 모임이나 울력 후 간식 시간에 이장이나 반장이 자연스럽게 주민들에게 묻는다. "할머니, 요즘 제일 알고 싶은 거 있으세요?", "혼자 사시는데 식사는 어떻게 하세요?" 등의 질문을 통해 주민들에게 실제로 필요한 것이 무엇인지를 물어보는 방법이다. 식사 관련한 질문은 요리반을 개설하는 것이 가능할지에 대한 질문이다. 다만 이 방법은 직접적인 질문을 통해 수요를 알 수는 있으나 시간과 노력이 많이 든다는 단점이 있다.

③ 설문지 조사법

농한기를 이용하여 주민들에게 설문조사를 하는 방법이다. 설문조사는 문항을 만들어서 주민들이 희망하는 것을 직접 선택하게 하는 방법이다. 예를 들어 "가장 배우고 싶은 것 하나만 골라주세요"라고 하고 '건강 밥상 만들기, 마을 사진 찍기, 인문학 듣기, 스마트폰 배우기, 악기 배우기' 등의 예시를 주어 선택하게 하는 방법이다.

나. 쉬운 콘텐츠로 첫걸음

주민의 배움은 '내가 할 수 있을까?'를 '나도 할 수 있네!'로 바꾸는 과정이다. 이때 필요한 건 쉬운 주제, 가까운 사람, 재미있는 형식이다.

* 스마트폰 배우기반 → 손주 사진 찍기, 문자 보내기, 카톡으로 자녀와 대화하기

* 시 쓰기 반 → 한글을 배워서 시 쓰기에 도전하기

* 건강요리반 → 짜지 않게 만드는 열무김치

* 노래교실 → 노래 부르고 합창단 만들기

이러한 강좌들의 공통점은 배운 것을 보여줄 수 있다는 것이다. 즉 성과물이 존재한다는 것이 중요하다.

다. 반복성과 지속성 설계

한 번 하고 끝나면 이벤트, 두 번 반복하면 취미, 세 번 반복하면 습관이 되고, 다섯 번 이상 반복하면 마을의 문화가 된다. 무언가를 배우기로 하였으면, 반복하여 꾸준히 하는 것이 중요하다.

이를 위한 실천 전략은 다음과 같다.

① **매월 고정 요일을 지정한다.** 예를 들어 매주 토요일 오전은 배움의 날로 지정하여 주민들이 정기적이라는 것을 인식하도록 한다.

② **계절형 프로젝트를 실시한다.** 농번기에는 할 수 없다고 생각하지 말자. 초기에는 농한기 위주로 하고 마을에 확산이 되었을 때는 사계절 실시할 수 있도록 한다. 인원이 적더라도 아쉬워하지 말고 꾸준히 하는 것이 중요하다. 예를 들어, 봄에는 귀촌인을 위한 텃밭 배우기 강좌, 여름에는 무더위를 이기는 건강 밥상 만들기 강좌, 가을에는 농사로 망가진 몸 살리기 강좌, 겨울에는 스마트폰을 이용한 동영상 만들기 등 주민이 관심을 가질 수 있는 강좌를 개설하는 것이 중요하다.

③ 교육 후 소모임을 만들고 배운 내용을 활용할 수 있도록 유지 관리하는 것이 좋다. 예를 들어 장 담그는 법을 배우는 강좌는 "엄마 손 장담그기 모임"으로 전환하여 전문성을 더 할 수 있도록 유도한다. 이 경우 지속성을 위해 각 강좌의 반장을 정해 자율적으로 운영될 수 있도록 한다.

라. 지역자원 활용

일정 기간 학습이 지속이 되고 학습공동체를 장기적으로 계속 운영하기 위해서는, 마을 안의 사람을 선생님으로 활용하는 전략이 필요하다. 사람은 누구나 자기가 가진 재주가 있다. 마을 주민도 다양한 재주를 가진 사람들이 있다. 이를 활용하여 "마을 선생님 만들기" 프로젝트를 시행한다.

할머니의 장아찌 기술, 귀촌 청년의 드론 영상 기술, 부녀회의 가정요리 비법 등은 모두 훌륭한 자원이다. 이런 재주를 가진 분을 마을 내에서 발굴하여 학습 프로그램을 운영하고, 마을에서는 이장이 주도하여 마을 선생님 임명장을 수여하도록 한다. 이들은 나중에 시·군의 평생학습 관련 부서나 농업기술센터와 연계해 '지역강사'로도 양성할 수 있다. 더불어 마을회관이나 경로당의 일정 공간을 "배움의 마루", "손맛 교실", "디지털 살롱" 등의 이름을 부여하여 학습에 친숙한 공간으로 만드는 것도 권장한다.

5단계. 배움의 결과를 나누고 축제화

배움의 완성은 결국 나눔과 표현이다. "배운 것 = 쓸모 있는 것"이라는 인식을 심어주기 위해 축제, 발표회, 전시회로 연계하도록 한다.

* 글쓰기 반 → 『우리 마을 이야기책』 발간
* 요리반 → 마을 주민 밥상 나눔 잔치
* 디지털 반 → 마을 소개 영상 유튜브 업로드
* 사진반 → '마을풍경 사진전' 개최

이렇게 눈에 보이는 성과를 참여자들이 만들어내고 주민들에게 보여줌으로써 학습공동체의 필요성을 공감하게 된다.

5) 돈은 어디서 구하나?

지금까지 제시한 내용에 대해 마을을 운영하는 이장들은 여전히 이런 의문이 들 것이다. '다 좋은데, 이런 것을 하려면 돈이 드는데 그 돈은 어디서 나오나?' 하는 의문이다.

지방정부마다 사정이 다르지만, 마을 공동체의 학습을 지원하는 사업들이 있다. 초기에는 이를 적극적으로 활용한다. 광역정부나 중앙정부에서도 이를 위한 지원사업이 있다. 검색을 통해 이런 사업의 정보를 활용하여 공모사업을 적극적으로 활용하도록 하자.

공모사업에 선정되어 지원을 받는다고 하자. 하지만 이 경우에도 원칙은 정해야 한다. 강사료는 지원을 받되 강좌운영에 필요한 재료비와 부수적인 것들은 참여하는 주민들이 되도록 직접 지출하는 것을 원칙으로 정하는 것이 중요하다. 그 이유는 마을에서 이런 강좌를 끊임없이 지원받을 수는 없기 때문이다. 학습공동체는 스스로의 동기에 의해 움직여야 한다. 초기에 그런 동기를 만들기 위해 지원사업을 활용하는 것이지만 나중에는 자생력을 가지고 있어야 한다. '수혜자 부담의 원칙'이 그래서 중요하다. 주민들에게 싫은 소리를 듣지 않기 위해서 모든 것을 공짜로 제공하는 것은 바람직하지 않다.

실제로 필자가 컨설팅했던 한 마을에서는 주부들이 모여 뜨개질을 배우기로 하고 강사를 초청하였다. 이에 이장은 지원사업에 공모하였고, 이를 활용하여 강사료를 지원하였다. 그런데 막상 뜨개질을 배우려고 하니 바늘도 있어야 하고, 털실도 사야만 했다. 부녀회장이 이에 대한 지원을 이장에게 요청하였으나, 임원회의를 통해 불가능하다는 결론이 내려졌다. 그래서 이장은 지원은 해주고 싶으나, 그렇게 되면 여러 가지 이유로 참여하지 않는 분들과의 형평성이 문제가 되니, 수혜자 부담의 원칙으로 참가하는 분들이 자비를 들여 살 것을 권고하고 실제로 그렇게 했다. 그랬더니 매주 강좌가 있을 때마다 참여자들은 소정의 회비를 거두고 그 회비로 재료도 사고 강좌가 끝난 후 차도 마시는 등의 용도로 사용했다. 마침내 12주에 걸친 강좌가 끝나고 뜨개질 작품들이 만들어지자, 해당 모임의 조장이 이장에게 결과물을 자랑했다.

"이런 훌륭한 작품들을 우리 회원들이 만들었으니 구경하러 오세요."

이장은 성과물을 보고 너무나 잘 만들었기에 전시회를 하자고 모임 구성원들에게 제안하였고, 면장과 상의하여 면 복지회관에서 면의 지원으로 작품전시회를 하였다. 전시회에는 털실로 만든 수세미도 있고, 모자, 목도리, 목베개 등 다양한 작품이 전시되었다. 의외의 호평이 쏟아졌고, 심지어 전시물을 구매할 수 없느냐는 문의가 이어졌다. 그래서 상의를 해서 가격을 정해 놓고 판매도 하였다.

여하튼 전시회는 성황리에 잘 끝났고, 참여한 뜨개질 모임의 회원들은 매우 뿌듯한 기분을 느꼈다. 그런데 뜻하지 않게 발생한 판매 수익금 사용방법을 두고 고민에 빠졌다. 많은 이야기가 오갔다.

"그대로 적립하여 내년에도 강좌를 개최하여 배울 기회를 만들고 그 재료비로 사용하자."

"작품을 만든 사람에게 판매금액을 나누어 주자."

"회원 모두가 모여 회식을 하자."

다양한 의견이 제시되었지만, 누군가 불우이웃돕기를 하자는 의견을 제시했고, 이에 수익금의 반은 불우이웃돕기를 하고 반은 내년 강좌에 사용하자는 결론을 도출하였다.

만약 회원들이 수익금을 나누어 가지자는 결론에 도달했다면 이 모임은 금방 와해되었을 것이다. 하지만 공익을 위해 사용하고자 결론을 내렸기에 서로를 바라보는 시선이 한층 더 따뜻해지고 모임은 더욱 끈끈해졌다. 많은 사람이 모여서 하는 일은 선택의 갈림길에 서게 될 경우, 반드시 '이타적인 목적인가, 공익에 보탬이 되는가'를 기준으로 방향을 정하면 뒤탈이 없다.

장기적인 관점에서 가장 어려운 것이 학습공동체의 지속이다. 여기에는 재원의 문제가 걸려 있기 때문이다. 하지만 세상에 공짜는 없다. 자신이 좋아하는 것, 자신이 배우고 싶은 것을 하려고 할 때는 자신이 부담해야 한다는 당연한 원칙이 존재한다. 초기에는 지원사업을 활용하되 어느 정도 정착이 되면 반드시 '수혜자 부담 원칙'을 지켜야 한다. 사람을 많이 모으는 것이 중요한 것이 아니다. 진실로 함께하고 싶은 사람을 모으는 것이 중요하다.

6) 마을이 공부할 때, 마을은 늙지 않는다

어느 80대 중반의 할머니는 가난한 어린 시절의 환경 때문에 학교에 다니지 못했다. 그래서 글씨를 배우고 싶어 한글 교실에 참여했다. 몇 달 뒤, 그녀는 손주에게 편지를 쓰기 시작했고, 지금은 마을신문 기자가 되었다.

이렇듯 학습공동체는 개인의 변화에서 시작하지만, 마을 전체를 움직이는 동력이 된다. 무엇보다 중요한 것은 '아무리 작은 배움이라도 존중받고 지속되도록' 마을이 시스템을 갖추는 것이다. 학습공동체는 생활공동체에서 형성한 마을 차원의 공감대를 관심사가 같은 사람끼리의 공감대로 확산하는 단계이다. 그래서 학습을 통한 공감대 형성이 중요하다.

그리고 그 시작은 늘 '우리 마을은 공부하는 마을이 될 수 있으며, 사람은 새로운 것을 배울 때 재미있어진다'는 믿음에서 비롯된다.

3. 경제공동체는 목표가 뚜렷해야 한다

1) 경제공동체가 무엇이고 왜 필요한가?

가. 경제공동체의 개념

마을발전에서 경제공동체란, 단순히 돈을 버는 조직이 아니다. 그것은 주민이 함께 기획하고, 함께 일하며, 함께 수익을 나누는 구조이다. 쉽게 말해, 혼자 사업하는 것이 아니라 '동네 전체가 사업'을 하는 것이다.

> 이장: 내가 감자를 팔면 내 집만 잘 되는 거지, 마을이 잘 되는 건 아니잖소. 그런데 마을 공동창고에서 감자를 모아 팔고, 수익을 나누면 이건 다 같이 사는 거 아니오?
>
> 필자: 맞습니다. 개인사업은 개인이 잘 되는 구조지만, 경제공동체는 마을이라는 '큰 가게'를 함께 운영하는 구조입니다.

경제공동체는 협동조합, 영농조합법인, 마을기업, 사회적기업 등 다양한 형태로 나타날 수 있다. 중요한 건 형태가 아니라 정신이다. 그 정신은 다음 세 가지로 요약된다.

① **공동의 이익이다.** 특정인이나 일부 주민들에게 집중되지 않고, 구성원 전체의 혜택으로 돌아간다.

② **공동의 책임이다.** 사업의 성패에 대해서는 참여한 사람 모두가 책임을 나눈다.

③ **공동의 지속성이다.** 단발성 이벤트가 아니라 장기적 운영을 목표로 한다.

나. 경제공동체의 필요성

농촌 현실을 직시해보자. 심각한 고령화, 청년층 유출, 농가소득 정체…. 이런 상황에서 '개인 역량'만으로는 경제적 발전을 도모하기 어렵다. 물론 지금도 농촌에서 농업소득만으로도 이름을 날리는 농부들이 있다. 하지만 극히 일부분일 뿐이다. 마을이 살아야 농촌이 산다. 농촌의 지속가능성을 위해서는 마을의 경제적 자립 기반은 필요하다. 결국, 경제공동체는 개인의 소득을 보전한다는 측면도 있지만, 마을의 지속가능성을 높이기 위한 방향으로 접근하는 것이 바람직하다.

> 할머니: 예전엔 농사만 지어도 먹고 살았어. 소 한 마리 팔면 대학은 보낼 수 있었는데. 요즘은 농사만으로는 먹고 살기가 힘들어. 그래서 애들이 농사를 안 하잖아.
>
> 필자: 맞습니다. 그래서 이제는 농사 외에도 가공, 체험, 관광, 유통까지

마을이 함께 하는 경우가 생기고 있어요. 혼자보다는 함께 움직여야 합니다. 그래야 외부 자금에 의존하지 않고도 마을의 유지가 가능합니다.

경제공동체의 필요성은 크게 세 가지로 나눌 수 있다.

① 소득 창출과 분배

마을 경제공동체는 개인 소득 + 마을 기금의 구조를 만든다. 이 기금은 다시 주민 복지, 마을행사, 공동시설 유지에 쓰인다.

② 지역자원 활용 극대화

마을이 보유한 자원이 활용된다. 창고, 밭, 빈집 등이 수익자원으로 바뀐다. 예를 들어 창고는 가공센터로, 빈집은 리모델링을 통해 활용할 수 있다.

③ 공동체 결속 강화

돈 이야기가 오히려 갈등을 만든다고 생각할 수 있지만, 투명한 구조를 갖추면 돈은 결속의 도구가 된다.

필자는 20년 이상 여러 마을을 다니며 보았다. 성공한 경제공동체를 만든 마을은 세 가지 공통점이 있었다.

① 외부지원이 끊겨도 자체 수익으로 굴러간다.

② **사업이 마을의 정체성과 연결된다.** 남들이 하니까 따라서 하는 사업이 아니라, 마을의 역사·문화·환경자원에서 나온 사업이 핵심이다.

③ **운영 구조가 투명하다.** 회계나 의사결정 과정에 주민이 실시간으로 참여할 수 있고, 확인이 가능하다.

주민 A: 마을사업은 결국 보조금이 없으면, 못하지 않아요?

필자: 처음엔 그렇습니다. 그러나 보조금은 '마중물'일 뿐, 물길은 우리가 파야 합니다. 경제공동체는 그 물길을 만드는 일입니다.

주민 B: 그럼 우리도 정부 지원을 받아서 마을에서 사업을 할 수 있다는 말인가요?

필자: 맞습니다. 지금까지 마을발전을 시켜 보자는 것에 주민들이 동의했고, 많은 일을 해내서 자신감을 가졌으니 한 단계 더 도약해 보자는 말입니다. 하지만 혼자서는 안됩니다. 우리 모두 힘을 합쳐야 합니다. 우리가 할 수 있는 일을 중심으로 우리 힘으로 계획을 만들어봅시다. 그래야 실패해도 얻는 것이 있지 않을까요?

다. 잘못 만들었을 때의 문제

필요성을 이야기하면서도, 잘못 만들었을 때의 위험성도 미리 알아야 한다.

① **리더 의존형 구조**: 특정인의 능력에만 의존하다가 그 사람이 빠지면 붕괴

② **수익 배분 갈등**: 공정하지 않거나 불투명할 경우, 오히려 공동체 분열

③ **시장성 없는 사업**: '남들이 하니 우리도' 식의 모방으로 실패, 정부 지원사업을 받기 위한 목적으로 처음에는 의욕적으로 출발하였으나, 사업이 종료되면 실제 매출이 없는 껍데기 조직

경제공동체는 단순히 돈을 벌자는 것이 아니라, 마을의 생존전략이다. 다만, 잘못 설계하면 마을 분열의 불씨가 될 수 있으니, 시작부터 '형태보다 정신'을 세워야 한다.

2) 왜 3단계에서 경제공동체를 시도해야 하는가?

가. 마을의 성장 흐름 속에서 경제공동체가 오는 시점

필자: 마을발전은 아이 키우는 것과 비슷합니다. 아이가 태어나면 먼저 먹고 놀며 건강을 키우는 '생활' 단계가 있고, 다음에는 배우고 익히는 '학습' 단계가 옵니다. 그리고 나서야 직업을 가져서 돈을 버는 '경제' 단계가 되죠. 마을도 똑같습니다.

이장: 그럼 우리는 이제 아이로 치면 몇 살쯤 된 건가요?

필자: 생활공동체에서 이미 서로 알았고, 학습공동체에서 기술과 지식을 익혔으니 이제 청년기 문턱입니다. 직업을 가져야 할 나이죠.

나. 서두르면 안 되는 이유 - 현장의 교훈

필자: 제가 예전에 본 한 마을은, 보조금 받자마자 가공사업을 시작했습니다. 생활공동체도, 학습공동체도 거치지 않고 바로 돈으로 들어간 거죠.

부녀회장: 그래서 어떻게 됐어요?

필자: 처음엔 좋았습니다. 포장지 디자인도 만들고, 장비도 들여놓고…. 그런데 1년 지나자 문제가 터졌습니다.

이장: 혹시 돈 때문에 싸운 건가요?

필자: 맞습니다. '누가 더 일을 많이 했냐', '왜 수익을 저렇게 나누냐' 싸움이 잦아졌고, 운영 경험도 없어서 원가 계산이 엉망이었죠. 결국, 2년 만에 문을 닫았습니다.

다. 왜 3단계여야 하는가 - 단계별 이유

☑ 신뢰가 먼저여야 한다

필자: 생활공동체 단계에서 시간을 함께 보내야 합니다. 울력, 행사, 밥 한 끼가 쌓여서 '이 사람 믿어도 되겠다'라는 마음이 생기거든요. 이 신뢰가 있어야 돈 얘기도 부드럽게 할 수 있습니다.

할머니: 맞아, 처음엔 서로 돈 얘기하는 게 참 서먹했는데, 몇 년 같이하니 이제는 자연스럽네.

☑ 역량이 준비돼야 한다

필자: 학습공동체 단계에서 기술과 경영지식을 익혀야 사업이 굴러갑니다. 예를 들어 농산물 가공사업을 하려면 HACCP 인증, 위생관리, 원가 계산, 온라인 판매 방법을 알아야 합니다.

주민: 그런 거 모르고 시작하면요? 그런 거는 군에서 다 지원해주는 거 아닌가요?

필자: 그럼 매출이 나도 남는 게 없고, 곧 지칩니다. 그리고 우리 사업인데 우리가 책임져야지요. 자꾸 관의 지원을 바라보다 사업이 실패하면, 우리 책임보다 군청의 지원이 없어서 실패했다는 핑계를 대기 시작해요. 그러면 다시 일어설 힘도 사라지지요.

라. 언제 시작할 수 있을까?

필자: 1·2단계에서 회의 규칙, 역할 분담, 기록 습관이 자리 잡으면, 3단계 사업에서도 갈등을 줄일 수 있습니다.

이장: 그럼 우리 마을은 언제가 적기입니까?

필자: 주민들이 스스로 '이걸로 사업하면 되겠다'라는 말을 하기 시작할 때입니다. 외부 지원사업 공고가 아니라, 내부에서 '우리 힘으로 할 수 있겠다'라는 확신이 나오는 시점이죠.

* 성숙도 체크 리스트

마을에서 사업을 시작해도 되는지를 판단하기 위해서는 다음의 네 가지를 확인해야 한다.

- [ ] 주민 60% 이상이 사업에 동의하는가?
- [ ] 사업에 필요한 기술·지식을 절반 이상 보유했는가?
- [ ] 역할 분담과 운영의 규칙이 있는가?
- [ ] 실패 시 감당할 안전망이 있는가?

부녀회장: 이거 다 '예'여야 하는 거죠?

필자: 그렇습니다. 하나라도 '아니오'라면 시기를 늦추는 게 낫습니다.

마. 시기를 잘못 잡았을 때의 위험

- ☑ **생활공동체 단계에서 시작할 경우:** "우리 마을은 돈 버는 사업은 하지 않는다. 골치 아프다." vs "돈이라도 벌자" 갈등 발생으로 주민 간 불신 심화
- ☑ **학습공동체 초기에 시작할 경우:** 운영할 기술이 부족하며, 이는 곧 일부의 주도로 운영된다. 결국에는 2~3년 경과 후 실패로 결론이 난다. 심지어는 보조금을 반납해야 하는 경우도 생긴다.
- ☑ **외부 제안에 따른 무리한 시작:** 마을 컨설팅회사나 지자체의

권유로 시작하는 경우에 사업의 주체는 외부기관이 되고, 주민은 구경꾼이 된다. 이는 주민의 참여 저하로 이어져 또 다른 갈등을 만들게 된다.

경제공동체는 마을발전의 '꽃'이라 할 수 있다. 꽃은 계절이 맞아야 핀다. 시기를 맞추지 못하면 꽃이 아니라 가시만 남는다.
경제공동체는 생활·학습공동체에서 쌓은 신뢰와 역량 위에서 성공할 수 있다. 서두르면 돈이 공동체를 깨고, 때를 맞추면 돈이 공동체를 키운다.

3) 경제공동체의 성공 요인, 목표, 그리고 수익 사용 계획

가. 성공의 세 가지 뿌리

필자: 성공하는 경제공동체에는 공통점이 있습니다. 어떤 아이템이든, 어떤 조직 형태든, 반드시 세 가지 뿌리를 가지고 있죠.
이장: 그 뿌리가 뭔데요?
필자: 정체성, 참여, 투명성입니다.

① 정체성 기반의 사업

마을만의 자원·역사·문화·환경을 담아내야 한다. 이는 다른 지역이 쉽게 모방할 수 없는 차별성으로 이어진다. 더불어 '우리는 사업을 해서 무엇에 이바지하고자 한다'라고 하는 목표가 있어야 한다. 이 목표는 이타적인 것일수록 좋다.

② **주민 다수의 실질적 참여**

핵심 몇 명만이 아니라 다양한 세대·계층이 역할을 가져야 한다. 참여 인원이 많을수록 운영 인력의 지속성도 강해진다.

③ **투명하고 공정한 운영 구조**

회계·의사결정이 실시간 공개될 수 있어야 하고, 수익 배분 원칙이 사전에 합의되고 일관되게 적용되어야 한다.

나. 지속성을 만드는 네 가지 조건

반짝하다 사라지는 마을사업이 많은 이유는, 지속성에 필요한 이 조건을 지키지 못해서이다.

① **자체 수익 구조를 확보해야 한다.** 즉, 외부 보조금이 없어도 운영이 가능해야 한다.

② **시장 변화에 대응력이 있어야 한다.** 소비 트렌드 변화에 따라 상품과 서비스를 조정할 줄 알아야 한다.

③ **주민이 참여하고자 할 때, 진입장벽이 높지 않아야 한다.** 젊은 계층이나 새로운 사람이 사업에 자연스럽게 들어올 수 있도록 설계하여야 한다.

④ **운영 인력의 다변화가 필요하다.** 특정인 의존이 아닌 공동 운영체계가 마련되어야 한다.

부녀회장: 청년이나 새로운 사람은 돈 말고 또 뭘 보고 들어오나요?

필자: 돈도 중요하지만, '내가 주인이다'라는 주인의식과 성장 가능성을 줘야 합니다.

다. 수익이 생기면 무엇을 할 것인가

경제공동체는 단순히 돈 버는 구조가 아니라, 그 돈을 어떻게 쓰느냐가 공동체의 미래를 좌우한다.

주민: 돈을 벌면, 그걸 나눠 가지는 거 아닌가요?

필자: 그게 다가 아닙니다. 나눔도 필요하지만, 장기적으로 마을을 키우는 재투자 계획이 반드시 있어야 합니다.

이러한 재투자의 계획에는 다음의 사항이 포함된다.

① 개인 배당

조합원·참여 주민의 노동 기여도에 따른 공정한 분배가 이루어지고 배당 구조는 투명하게 공개한다.

② 마을 기금 적립

수익금 일부는 반드시 마을 기금으로 적립하여 참여하지 않은 주민들도 마을사업을 응원할 수 있어야 한다. 적립된 마을 기금은 주민 복지(어르신 돌봄, 불우 이웃 돕기, 마을식당운영 등), 마을

회관 운영비, 마을행사 진행비, 긴급 재난·재해 시 정부의 손길이 미치지 않는 곳의 긴급복구 자금 등으로 쓸 수 있다.

③ 마을 공동 시설의 인프라 확충

공동작업장, 가공시설, 체험공간 등을 확장하거나 노후 장비의 교체, IT·스마트 장비 도입 등을 위해 쓸 수 있다.

④ 주민교육·역량 강화

마을 경영·마케팅·신제품 개발 교육, 청년·여성 리더 양성 프로그램, 학습공동체 운영을 위한 강사료 지원 등을 위해 쓸 수 있다.

⑤ 장기적 사업 확장

새로운 아이템 발굴, 계절별·세대별 상품 다양화, 인접 마을 또는 외부 단체와의 연계 사업을 위해 사용할 수 있다.

필자: 돈은 가장 강력한 결속 도구이자, 동시에 가장 위험한 갈등 원인입니다. 그래서 수익 사용 계획은 사업 시작 전에 합의해야 합니다.

이장: 그래서 회의에서 미리 정해 놓는 거군요.

필자: 맞습니다. 예를 들어, 순이익의 40%는 조합원 배당, 30%는 마을 기금, 20%는 시설 재투자, 10%는 교육 및 예비비, 이런 식으로요. 규칙이 있으면 불필요한 오해와 불신을 줄일 수 있습니다.

라. 돈이 만드는 세 가지 변화

경제공동체가 목표로 하는 건 돈 자체가 아니라, 그 돈이 만들어 내는 변화이다. 이러한 변화는 다음과 같다.

첫째는 마을의 경제 자립이다. 외부지원 없이도 기본 운영이 가능하게 되며, 마을 자체 사업으로 고용 창출이 가능해진다.

둘째는 주민의 삶의 질 향상이다. 수익금 일부로 복지·문화·환경의 개선이 가능하다. 이러한 개선의 여파로 주민의 일상에 대한 만족도가 향상된다.

셋째는 마을의 가치가 높아진다. '그 마을 하면 ○○'이 떠오르는 식의 마을 정체성이 생기는 것이다. 이러한 마을의 가치는 곧 판로와 협력의 기회를 확대하는 것에 도움이 된다.

부녀회장: 그럼 우리가 돈을 벌어서 쓰는 건, 결국 마을을 더 살기 좋은 곳으로 만드는 거네요.

필자: 그렇죠. 돈이 목적이 아니라, 좋은 마을을 만드는 연료인 셈입니다.

주민: 결국 돈을 벌어도 목표가 없고 계획 없이 쓰면, 없는 거나 마찬가지 네요.

필자: 맞습니다. 목표와 계획이 없는 수익은 1~2년 안에 사라지고, 마을에 남는 건 갈등뿐입니다.

경제공동체의 성공은 정체성·참여·투명성 위에 세워지고, 지속성은 수익을 어디에, 어떻게 쓰느냐에 달려 있다. 명확한 수익 사용 계획이야말로 공동체를 오래 살리는 비결이다.

명확한 마을사업의 목표를 세우면, 단순히 사업의 성공을 이야기하는 것이 아니라 '돈이 생겼을 때의 명확한 활용 방향'이 잡혀서, 주민들도 목표를 현실적으로 그릴 수 있다.

4) 경제공동체를 만드는 과정과 방법

가. 경제공동체의 첫 출발은 '돈'이 아니다

필자: 많은 마을이 사업을 시작할 때 '얼마 벌 수 있나'부터 계산합니다. 하지만 현실은 처음 1~2년은 수익이 거의 없습니다.

이장: 그럼 주민들이 흥미를 잃지 않나요?

필자: 그래서 시작 단계에서는 재미와 필요가 중심이 돼야 합니다. '수익이 나지 않아도 좋다. 해보니 재미있다'가 되는 아이템을 고르면, 사람은 돈보다 오래 남습니다.

그래서 주민이 필요로 하고 재미있어하는 아이템을 선정하는 것이 중요하다. 다음은 그러한 것을 찾는 방법을 알려준다.

① **필요 찾기**

생활 불편을 해소할 수 있는 것을 찾아본다. 예를 들어 마을에 없는 서비스나 시설을 갖춘다거나, 농사에 필요한 공동 작업이나 농기구 공유, 농산물 공동 손질 등을 함께 해보는 것이 이에 해당한다.

② 재미 찾기

함께 하는 즐거움을 느낄 수 있는 요리 · 체험 · 공예 등을 같이 하거나 이를 통해 완성품을 만들고 스스로 만족하는 것에서 시작해야 한다. 이 과정에서 이야기를 나누고 사진을 찍고 결과물로 나눔 행사를 하는 것을 통해 사람을 모으는 힘이 생긴다. 이러한 활동의 결과, 우리가 만든 것을 팔아보자는 욕구도 생기게 된다. 이것이 재미를 사업으로 이어가는 것이다.

부녀회장: 재미만 있으면 안 되는 거 아니에요?
필자: 처음엔 그래도 됩니다. 재미가 있어야 지속하고, 지속하다 보면 수익 아이템이 보입니다.

나. 현실을 고려한 단계별 실행

그럼 이제 농촌의 현실을 고려한 단계별 실행방안을 나름대로 제시하고자 한다. 고령화가 진행되어 사람이 없는 마을, 하고자 하는 의욕이 부족한 마을 등이 참고할 만하다.

① **가능한 인원부터 시작하자.**

고령자가 많고 참여자가 부족한 현실을 인정하고 핵심 운영그룹을 5~7명으로 구성하고 나머지는 보조참여자로 역할을 설정한다.

② **'재미+필요'가 결합 된 아이템을 선정하자.**

이때는 수익성보다 주민 호응이 높은 아이템을 선정한다. 예를 들어 마을 밥상 체험을 하는데, 이때는 식사를 만들어서 제공하는 것보다 함께 만드는 과정이 중심이 되어야 한다. 이것을 공동으로 장아찌 담그기, 마을 주민을 위한 소규모 축제 개최 등으로 확대할 수 있다.

③ **운영하는 규칙을 단순화한다.**

마을사업의 운영규칙은 처음에는 간단하고 명확해야 한다. 예를 들어 '판매 수익금은 참여자에게 하루 수당 5만 원을 지급하고 나머지는 마을 기금으로 적립한다'와 같이 단순하게 규칙을 정한다.

④ **이론교육보다는 현장형 교육을 한다.**

처음부터 이론교육을 한다 해도 귀에 들어오지 않는다. 그래서 교육 대신에 '함께 해보기' 방식을 하는 것이 좋다. 예를 들면 반찬 판매를 하기로 했으면, 시장에서 산 재료로 바로 조리를 하고 포장과 판매까지 참여자들끼리 역할을 설정하여 해보면서 부족한 부분을 알려주는 것이 효과적이다.

⑤ 시범사업을 간단하게 해보자.

이때 목표는 수익이 아니라 재미와 참여 확대이다. 주민이 "다음에 또 하자"라는 말을 하는 것이 목표이다. 끝나고 나서는 결과를 공유하고 참여 인원에게는 재미를 중심으로 이야기해 주는 것이 좋다.

⑥ 이제 본사업으로 확장하는 단계이다.

시범사업으로 해본 것 중에서 주민의 호응이 좋은 활동을 지속한다. 해당 아이템에 대해 참여자들이 공부를 통해 수익 가능성이 보이면, 구체적으로 사업계획을 작성해보고 공모사업을 활용하거나 마을자금을 투입하여 점진적으로 투자를 확대한다.

사업을 전개하여 초기 수익이 발생하면, 개인 배당보다는 마을기금 확충과 사업을 하기 위한 시설 보완에 집중한다. 초기에는 재미를 높이는 장치에 재투자하는 것이 오히려 참여자의 동기를 지속시킬 수 있다. 예를 들면 작업공간 개선, 재료 업그레이드 등이 이에 해당한다.

다. 재미 중심의 초기 운영이 필요한 이유

필자: 마을사업이 실패하는 가장 큰 이유 중 하나가, 처음부터 수익 목표를 너무 높게 잡는 것 때문입니다. 첫해부터 수익을 내야 한다고 생각하면, 사업이 부담되고 갈등이 생깁니다.

주민: 그럼 우리는 그냥 놀기만 하는 건가요?

필자: 아니죠. 놀면서 배웁니다. 즐겁게 하면서 기술을 익히고, 협업에 익숙해지고, 아이템을 다듬는 겁니다. 이게 나중에 돈이 되는 구조로 넘어가는 발판입니다.

그래서 '재미+필요'가 있는 성공적인 아이템의 특징을 제시하면 다음과 같다.

① 준비가 단순하다. 고령자도 쉽게 참여할 수 있다.
② 즉시 성취감을 준다. 하루 안에 결과물을 완성할 수 있다면 좋다.
③ 공유하기 쉽다. 만든 것을 나누거나 보여줄 수 있다.
④ 확장 가능성이 있다. 필요하면 나중에 수익사업으로 전환이 가능하다.

부녀회장: 결국 돈보다 먼저, 모이고, 웃고, 해보는 게 중요하군요.

필자: 맞습니다. 그 과정이 신뢰를 만들고, 신뢰가 돈을 만듭니다.

경제공동체 초기에는 수익성보다 재미와 필요성이 우선이다. '수익이 나지 않아도 좋다, 해보니 재미있다'는 경험이 주민을 붙잡고, 그 경험이 쌓이면 자연스럽게 수익 구조로 발전한다.

5) 경제공동체를 만들 때 반드시 명심해야 할 사항

마을에서 경제공동체를 시작할 때 가장 중요한 것은 사람이다. 아무리 좋은 사업 아이템이 있어도, 함께할 사람이 없거나 중간에 빠져나가면 사업은 오래가지 못한다.

마을사업은 건물보다 사람이 기둥이고, 그 기둥이 흔들리면 모든 것이 무너진다. 그래서 계획을 세우기 전에 먼저 함께할 핵심 인력을 찾고, 그들이 오래 버틸 수 있는 구조를 만들어야 한다.

사람이 모이면 다음은 규칙이다. 경제공동체는 돈이 오가는 만큼 오해와 갈등이 생기기 쉽다. 이 갈등을 막으려면 세 가지 원칙이 필요하다.

① 수익을 어떻게 나눌지 미리 합의하고, 그 내용을 문서로 남긴다.
② 매출과 비용, 참여 현황을 주민이 알 수 있게 투명하게 공개한다.
③ 중요한 의사결정은 반드시 회의에서 논의하고, 그 과정을 기록해 공유한다.

이 세 가지만 지켜도 갈등의 절반 이상은 예방할 수 있다.

또 하나 중요한 건 재미와 보상의 균형이다. 초기에는 '해보니 재미있다'라는 경험이 주민을 붙잡는다. 하지만 시간이 지나면 '얼마나 벌 수 있나'라는 현실적인 기대도 생긴다.

반대로 돈만 보고 시작한 사업은 재미가 없으면 오래가지 못한다. 그래서 사업 초반에는 재미를 중심에 두고, 일정 시점이 지나면 참여에 따른 보상을 강화해 균형을 맞추는 것이 좋다.

고령화와 참여자 부족 문제는 대부분 마을이 겪는 현실이다. 이를 해결하려면 업무를 단순하게 나누어 고령자도 쉽게 참여할 수 있도록 하고, 주민이나 귀촌인, 외부 가용인력 등 새로운 인력을 적극적으로 끌어들여야 한다.

또한 '일하면 보상이 따른다'라는 원칙을 세워 참여의 동기를 높이고, 체력이나 여건에 따라 유연하게 참여 시간을 조정하는 배려도 필요하다.

마지막으로 재정 계획을 잘 짜는 습관을 들여야 한다. 처음부터 큰돈을 쓰지 말고, 작게 시작해 경험을 쌓는다. 매달 나가는 고정비를 줄이고, 수익금 일부는 반드시 비상자금으로 적립한다. 사업이 안정되기 전에는 개인 배당보다 장비구매나 시설 개선, 마을 기금에 우선 투자하는 것이 장기적으로 훨씬 유리하다.

기억해야 할 말이 있다.

"모든 주민을 만족시키는 사업은 없다."
"작은 성공이 쌓여 큰 신뢰를 만든다."
"돈은 갈등을 만들 수도, 결속을 만들 수도 있다."

경제공동체는 사람과 신뢰, 그리고 규칙 위에 세워져야 오래간다. 처음에는 수익보다 주민이 즐겁게 참여할 수 있는 활동으로 시작하고, 그 속에서 신뢰를 쌓고 역량을 키우면, 돈은 자연스럽게 따라온다는 믿음을 가지자.

4. 결국, 마을은 나눔공동체를 지향한다

1) 나눔공동체가 왜 필요한가?

가. 사람은 언제 행복한가?

주민 A: 사람이 언제 가장 행복할까요? 돈이 많으면 다 해결되는 걸까요?

주민 B: 그렇진 않죠. 돈이 많아도 외로운 사람도 있고, 가난해도 행복한 사람이 있잖아요.

필자: 맞습니다. 행복에는 단계가 있습니다. 학술적으로는 이를 보통 세 단계 혹은 다섯 단계로 나누어 설명하죠.

① 몸 욕구의 충족(생리적 행복)

먹고 자고 몸이 안전한 상태에서 느끼는 기초적인 행복이다. 매슬로우Maslow의 욕구 5단계 이론에서 '생리적 욕구'와 '안전 욕구'에 해당한다. 예를 들어, 겨울이 오기 전에 장작을 충분히 쌓아두었을 때, 한 해 농사가 잘되어 식량 걱정이 사라졌을 때, 인간은 안정감을 느낀다. 맛있는 음식을 먹을 때, 충분히 잠을 잤을 때 느끼는 만족감도 이에 해당된다. 그러나 이 행복은 한계가 있다. 몸이 편하고 배가 불러도 마음이 허전하면 이러한 만족감은 오래가지 않는다.

② 관계 욕구의 충족(관계적 행복)

타인과의 유대, 소속감, 인정에서 오는 행복이다. 매슬로우의 '사회적 욕구'와 '존중 욕구'에 해당한다. 가족과 웃으며 식사하는 시간, 이웃과 함께하는 김장이나 모내기 같은 울력, 반 모임에서 나누는 소소한 대화 속에 이런 행복이 있다. 프랑스의 사회학자 뒤르켐Emile Durkheim은 이를 '사회적 연대social solidarity'라 불렀다. 그는 관계 속에서만 개인이 진정한 안정과 정체성을 찾는다고 보았다.

③ 존재 욕구의 충족(실존적 행복)

'내 삶이 의미 있고 가치 있다'라는 깊은 확신에서 오는 행복이다. 매슬로우의 '자아실현 욕구' 또는 현대 긍정심리학에서 말하는 '의미의 욕구'에 해당한다. 내가 한 일이 타인과 사회에 긍정적인 영향을 미쳤다는 자각에서 비롯된다. 예를 들어, 내가 만든 휠체어 경사로 덕분에 거동이 불편한 이웃이 자유롭게 다닐 수 있게 되었을 때, 내가 가르친 기술이 청년의 생계에 보탬이 되었을 때, 느끼는 뿌듯함이다. 타인을 위한 봉사 활동을 통해 나의 보람을 찾는 것이 그러한 이유이다.

나. 현대의 생활방식과 행복의 축소

문제는 현대의 생활방식이 행복의 단계를 얕게 만들고 있다는 점이다. 도시와 농촌 모두에서 개인주의적 · 이기적 가치관이 널리 확산되어 있는 것이 현실이다. 관계적 행복은 SNS '좋아요'나 가벼운 만남으로 대체되고, 실존적 행복은 경험조차 어려운 구조가 되었다. 농촌에서도 울력이나 품앗이는 줄고, '내 일은 내가'라는 문화가 일반화되어 있다. 이로 인해 개인은 생리적 행복에서 머물거나, 얕은 관계적 행복에 만족하는 경향을 보인다.

다. 실존적 행복으로 가는 길 – 나눔공동체

주민 A: 그렇다면 실존적 행복은 어떻게 얻을 수 있죠?

필자: 바로 나눔입니다. 나눔은 단순히 '주는 것'이 아니라 '함께 사는 법'을 배우는 과정입니다.

나눔의 본질은 단순한 물질의 이전이 아니라, 내 시간·재능·공간·관계·마음을 함께 나누는 것이다. 심리학자 셀리그먼Martin Seligman은 긍정심리학에서 의미 있는 삶의 핵심 요소로 '타인에게 기여하는 경험'을 꼽았다. 나눔은 관계를 확장시키고, 관계는 의미를 만들며, 의미는 곧 실존적 행복으로 이어진다.

나눔공동체란, 생활공동체로 형성된 관계 기반, 학습공동체에서 쌓은 성장 경험, 경제공동체에서 마련한 자립 기반 위에서, 내부와 외부를 향해 자원과 가치를 나누는 공동체를 말한다. 그 핵심은 나눔이 이벤트가 아니라 생활문화로 자리 잡는 것이다.

사회학자 퍼트남Robert Putnam은 '사회적 자본social capital'을 두 가지로 나누었다. 바로 내부 구성원 간 신뢰와 유대감을 나타내는 결속형 사회자본Bonding과 외부 집단과 연결되는 네트워크인 교량형 사회자본Bridging이다.

나눔공동체는 이 두 가지를 동시에 강화한다. 내부적으로는 취약계층 돌봄, 재능 나눔, 공동활동을 통해 결속형 자본이 탄탄해진다. 외부적으로는 인근 마을, 도시, 해외와의 교류를 통해 교량형 자본이 확장된다.

이러한 나눔을 실천하는 사례는 무수히 많다. 예를 들어 '재능나눔학교'에서는 은퇴 교사가 아이들에게 무료로 독서 · 역사 수업을 하고, 청년 농부가 온라인 판매 노하우를 어르신들에게 가르치기도 한다. 이러한 결과로 나눔이 교육과 경제활동으로 연결되어, 마을의 브랜드 가치가 상승하는 효과를 가져온다.

또한 '공동창고 프로젝트'를 통해 마을 유휴 창고를 개조해 공동 물품 보관 · 대여 공간으로 활용하고, 농기계, 생활 도구를 주민 간 무료로 혹은 저렴하게 공유하여, 생활비 절감과 공동체 의식을 강화한 사례도 있다. '공동부엌'의 개념을 도입하여 마을 사람들이 주 1회 모여 함께 식사를 준비하고 나누는 사례도 있다. 이는 단순히 음식 공유를 넘어 세대 간 대화, 사회적 돌봄, 지역 문화 보존의 장이 되는 것이다.

라. 마을에서 나의 행복을 실현하자

나눔공동체는 인간이 '혼자서는 완전해질 수 없다'라는 사실을 전제로 한다. 생리적 행복은 나를 살리고, 관계적 행복은 우리를 묶으며, 실존적 행복은 세상을 넓힌다. 나눔은 실존적 행복으로 가는 문이자, 인간다움을 회복하는 과정이다.

나눔공동체는 봉사 조직이 아니라 삶의 방식이다.

* 경제공동체의 수익 일부를 나눔 기금으로 전환하고,
* 재능과 시간을 기부하는 문화가 일상화되며,
* 나눔을 통한 외부와의 신뢰 네트워크가 확대될 때,

마을은 단순한 거주지가 아니라 '의미 있는 삶을 함께 사는 터전'이 된다.

우리는 경제적 성장을 위해 숨 가쁘게 달려왔다. 열심히 달리느라 우리의 정신을 추스르는 시간이 부족했다. 과거와는 비교할 수 없을 정도의 풍요를 누리고 있으면서 늘 부족하다고 느끼고 상대적 박탈감을 호소한다. 그래서 여전히 더 많은 돈을 원하고 그것이 나의 행복을 실현할 수 있는 수단이 될 것이라 믿고 있다.

하지만 늘 공허하지 않은가? 맛있는 음식을 먹고, 좋은 차를 타고, 좋은 집에 살아도 심리적 공허함은 메꾸어지지 않는다. 늘 우리를 끊임없이 자극하는 자본의 유혹 때문에 생리적 행복의 올가

미에 갇혀 있기 때문이다. 이제 나를 둘러싼 고치를 깨고 나와야 한다. 그래야 끊임없이 반복되는 악순환의 올가미에서 벗어날 수 있다. 관계를 회복해야 한다. 시기와 질투와 선망의 대상으로 바라보던 사람에 대한 눈을, 정을 나눌 수 있는 따뜻한 인간관계로 회복시켜야 한다. 그리고 그들과 마음을 나누고 재능을 나누면서 세상을 위한 밀알이 되는 존재가 되어 보자. 나눔공동체는 내가 행복해지기 위한 올바른 몸부림이다.

2) 나눔공동체는 어떻게 실천하는가?

나눔공동체를 실행하는 방안에는 두 가지 경우별 접근이 가능하다. 먼저 앞 단계의 경제공동체를 실행하는 마을과 경제공동체 실행을 하지 않기로 결의한 마을의 경우로 나누어 접근할 수 있다. 나눔공동체는 궁극적으로 마을이 지향하는 최후의 모습이기에 두 가지 경우 모두 접근이 가능하다.

가. 경제공동체를 거쳐 나눔공동체로 가는 마을

이장: 작년에 우리 마을 메밀가공 판매로 남은 수익이 500만 원이 넘었네요. 이걸 어떻게 쓸까요?

부녀회장: 겨울마다 난방비가 부족한 집들이 많아요. 거기부터 도와드리면 좋겠어요.

필자: 좋은 생각입니다. 이제 우리가 번 돈을, 마을의 가치로 되돌려주는

거죠. 이것이 바로 나눔공동체의 시작입니다. 나눔공동체의 첫 번째 단계는 나눔을 위한 마을 기금을 제도화하는 겁니다. 어떤 마을은 농산물 공동판매 수익의 15%를 '마을나눔기금'으로 적립합니다. 마을총회에서 기금 사용 우선순위를 합의하고 나눔위원회를 5명으로 구성해서 집행과 보고를 담당합니다. 이 경우 금액이 적더라도 비율을 정해 매년 자동 적립하면 안정적인 운영이 가능합니다.

이장: 기금만 적립하면 되는 건가요?

필자: 아닙니다. 두 번째 단계로 마을에서 정기적인 나눔 프로그램을 운영하는 것이 필요해요. 어떤 마을에서는 계절별로 나눔 행사를 운영하는데, 효과가 좋습니다. 마을 주민들이 필요한 것을 찾아내어 정기적인 나눔 행사를 하는 것이지요. 예를 들어, 겨울에는 보일러 무료 점검, 봄에는 씨앗 나눔을 할 수 있고, 여름에는 혼자 사는 분의 방충망 교체나 집 청소 등을 도울 수도 있습니다. 이렇게 계절별로 마을 실정에 맞는 나눔을 할 수 있어요.

귀촌 주민: 저는 작년 겨울에 마을에서 담근 김치를 배달하면서, 받는 어르신들이 환하게 웃으실 때 뿌듯했어요.

필자: 네. 누군가에게 베풀고 그러한 호의에 상대방이 감사함을 표하면 보람을 느끼죠. 마을에서 나눔공동체의 문화를 정착시키기 위해서는 일회성 행사로 그치지 말고, 그러한 후원과 봉사 내용을 기록으로 남기는 것도 중요해요. 그래야 나눔이 마을의 문화로 자리 잡게 됩니다.

경제공동체를 형성하여 마을사업을 하는 마을은 수익 일부를 마을 기금으로 조성하여 체계적인 나눔 활동을 할 수 있다는 장점이 있다. 이를 통하여 마을사업에 참여하는 사람과 참여하지 않는 사람들 간의 갈등을 예방할 수 있다. 실제로 많은 마을이 이러한 제도적 장치가 없어 마을사업으로 인한 갈등이 발생하기도 한다. 기금이 있더라도 정기적인 나눔 프로그램을 운영하는 것과 나눔의 기록을 남겨 자긍심을 높이는 것은 반드시 함께해야 할 일이다.

나. 학습공동체에서 바로 나눔공동체로 가는 마을

이장: 우린 돈 버는 사업은 아직 힘들어요. 주민들이 별로 원하지 않아요. 그런데도 나눔공동체 문화를 만들 수 있을까요?

귀촌인: 돈 없어도 할 수 있을 것 같은데요. 저는 기업에서 오랫동안 컴퓨터 관련된 일을 해서 제가 컴퓨터랑 스마트폰 사용법을 주민들에게 알려드릴 수 있어요.

필자: 맞아요. 나눔은 돈보다 사람과 사람의 관계에서 시작됩니다. 경제공동체를 하지 않더라도 얼마든지 나눔공동체를 실현할 수 있어요. 그렇게 하기 위해서는 우선 마을 주민들이 무슨 재주를 가지고 있고 무엇을 나눌 수 있는지를 아는 것이 필요해요. 실제 제가 아는 한 마을은 전체 주민을 대상으로 '내가 나눌 수 있는 것'에 대한 설문조사를 진행했더니 '요리, 장아찌 만들기, 수공예, 농사기술, 한글 교실, 노래 · 악기, 스마트폰 교육' 등 다양한 내용이 나왔어요.

부녀회장: 우리 부녀회에도 솜씨가 좋은 분들이 많아요. 김치를 맛있게 담그는 사람, 꽃차를 만들 줄 아는 사람, 그림 잘 그리는 사람 등, 다양하게 재주를 가진 사람이 많아요.

필자: 그렇습니다. 주민들이 각자 자신의 재주를 공동체를 위해 나누고자 하는 마음이 중요해요. 혼자만의 재주가 아닌 서로를 위하는 재능으로 참여한다면 훨씬 살 맛 나는 따뜻한 마을이 될 겁니다.

경제공동체를 하지 않고자 하는 마을은 학습공동체를 통해 형성된 사람의 신뢰를 한층 깊게 만드는 장치로 나눔공동체를 활용할 수 있다. 마을 주민의 재능을 파악하고 나눔을 실천할 수 있는 분야를 찾아내어 그들에게 기회를 제공함으로써 한층 더 공고해진 공동체 문화를 형성해 갈 수 있다.

실제로 필자가 컨설팅했던 어떤 마을은 마을 '119 봉사대'를 조직하였다. 응급상황에 대처하기 위한 봉사대가 아니라, 주민 중에 전기를 잘 다루는 사람, 보일러를 잘 고치는 사람, 도배를 잘하는 사람 등이 모여 마을을 위해 봉사하고자 만든 조직이다. 이들은 겨울철 주민들의 보일러가 고장이 나거나 전기문제가 발생하면 재료비만 받고 문제를 해결해주는 봉사를 한다. 이들은 사례나 대가를 바라지 않는다. 본인들의 노력으로 이웃의 불편이 감소했으면 하는 단순한 바람에서 한 일이다.

또 어떤 마을에서는 경로당의 회원 20여 명이 모여 '환경 지킴이'

를 결성하고 마을과 지역을 위해 봉사하고 있다. 이분들은 마을의 청소나 꽃밭 가꾸기를 비롯하여 면 단위까지 지역 환경을 가꾸는 봉사를 하고 있다. 이러한 봉사 활동이 인정받아 상급기관의 봉사상을 받기도 하였다.

이처럼 인간은 차원이 높은 행복을 추구할 때 자신의 존재감을 크게 느끼고, 스스로의 기분 좋음도 커진다. 나눔공동체는 함께하는 행복을 더욱 키워준다. 이를 통해 마을은 함께 살아가는 공간에서 교류가 이어지는 공간으로 발전하고, 교류의 공간에서 보람과 행복을 느끼는 공간으로 발전할 수 있다.

3) 나눔공동체를 위한 세 가지 핵심 요소 - 모두가 주고, 모두가 받는 구조

가. 주민참여를 유도하는 방법 - '나도 줄 수 있고, 나도 받을 수 있다'는 문화 만들기

    이장: 혹시 나눔 하면, 받는 사람만 정해져 있다고 생각하진 않나요?

    귀촌인: 네, 그래서 저는 나눔 얘기만 나오면 '나는 도움 안 받아도 돼요'
        라고 하게 돼요.

    필자: 그게 문제입니다. 나눔은 도움을 주는 사람과 받는 사람이 나뉘는
        게 아니라, 모두가 서로에게 주고받는 과정이에요.

나눔공동체 문화를 만들기 위해서는 아래의 사항을 유념해야 한다.

① 역할의 경계 없애기

나눔 활동에서 '봉사자'와 '수혜자'라는 호칭 대신 '참여자'로 통일한다. 예를 들어 김장 나눔 행사에서 모두 김치를 담그고, 모두 김치를 조금씩 가져가도록 하는 것과 같다. 마을에서 공동 김장을 할 경우, 어르신도 배추를 다듬고, 청년도 절임을 돕고, 완성 후엔 전 주민이 조금씩 나누어 가는 구조를 만드는 것이 좋다.

② 서로의 필요 드러내기

'내가 줄 수 있는 것'과 '내가 받고 싶은 것'을 함께 적는 설문을 진행하여 서로의 필요를 아는 것이 중요하다. "나는 농사 경험을 나눌 수 있고, 스마트폰 사용법을 배우고 싶다"와 같은 것이다.

③ 주고받는 경험 만들기

나눔 행사에서 '주는 시간'과 '받는 시간'을 모두 경험하게 하는 것이다. 예를 들면, 재능 나눔의 날에 오전엔 강사, 오후엔 수강생의 역할을 모두 하게 하는 것과 같다. 마을에서 나눔 장터를 열어 각자의 집에서 불필요한 것을 장터에 내고, 서로 필요한 것을 싼값에 살 수 있도록 하는 것도 좋은 방법이다. 이러한 경험을 지속하면 나눔에서 시혜자와 수혜자를 구분하는 사고방식을 벗어날 수 있다.

나. 주고받는 구조 속의 나눔 순환

부녀회장: 나눔을 위해 마을 돈을 쓰기는 하는데 나만 혜택을 못 받는다고 생각하면 참여가 줄어요.

필자: 맞아요. 나눔에 있어 돈의 사용처는 중요해요. 나도 나눔에 기여했다고 한다면, 그만큼 나도 보람을 느낄 수 있도록 하는 구조가 나눔의 지속성을 가능하게 합니다.

마을에서 나눔의 문화가 계속되게 하려면 다음의 단계를 생각해 두는 것이 좋다.

① 순환형 기금 만들기

이는 경제공동체 수익금의 일부, 주민의 자발적 기부, 행사 찬조금 등을 모아 '공동나눔기금'을 조성하는 것이다. 이러한 기금은 마을 전체가 함께 쓰는 행사나 주민지원사업, 교육 등에 사용할 수 있다. 강원도의 한 마을은 '천원의 행복'이라는 것을 만들어 매달 주민들이 천 원씩 기금을 적립한다. 이 기금으로 마을 주민을 돌보거나 마을 잔치를 벌일 때 사용하기도 한다. 결국, 일정한 재원이 확보되면 나눔 행사를 기획하기가 쉬워지기 때문이다.

② 외부기관이나 단체와의 협력 구조 만들기

마을 내에서의 나눔도 의미가 있지만, 외연을 확장하는 것도 의미가 있다. 외연의 확장에는 나눔의 대상을 확장하는 것과 나눔의 파트너를 외부와 연계하는 것의 두 가지가 있다. 나눔의 대상을 확장하는 것은 말 그대로 마을 내에서 그치지 않고 나눔의 대상을 외부에서 찾아 연계하는 것이다.

실제로 필자가 컨설팅했던 마을 중에 경제공동체 사업을 하여 수익이 많이 난 마을이 있었다. 그 마을은 매년 주민을 위한 복지를 많이 했으나, 어느 순간부터 주민들이 더 많은 것을 바라면서 그 해결방법을 고민하고 있었다. 그때 필자가 제안한 것이 나눔의 대상 확장이었다.

주민들과 함께 어려운 처지에 놓여 있는 외부의 대상을 모색하여 그들을 위해 마을 수익금을 사용해 보라고 제안하였다. 그 대상은 후진국의 마을에 우물을 놓아 주는 것이 될 수도 있고, 어렵게 살고 계신 국가유공자를 후원하는 일이 될 수도 있다고 제안하였다. 이렇게 나눔의 대상을 확장함으로써 마을은 내부의 갈등을 줄이고, 마을사업에 대한 긍지와 보람을 더 느낄 수 있었다고 한다.

나눔의 파트너를 외부로 확장하는 것은 다른 마을이나 외부기관과 연계하여 나눔을 실천하는 것을 말한다. 예를 들어 1사1촌을 통해 자매결연을 한 기업이나 단체, 혹은 다른 마을과 협력하여 나눔을 실천하는 것을 말한다. 요즈음은 기업의 사회적 책임이 중요해지고 있다. 마을은 결연 맺은 기업의 수혜자라는 입장에서 벗어나서 도움을 주고받는 파트너라고 생각을 한다면 얼마든지 공동의 나눔을 기획할 수 있다.

다. '누가 많이 받았나'가 아니라 '모두가 주고받았나'가 중요하다

이장: 마을에서 나눔의 성과를 어떻게 보죠? 많이 도운 사람 순위라도 만들까요?

필자: 아니죠. 나눔공동체의 성과는 참여의 폭과 균형이에요.

나눔공동체가 마을에서 잘 자리 잡아 가고 있느냐를 알 수 있는 것은 크게 네 가지 요소로 측정할 수 있다.

① 참여 가구 지표

나눔 활동에 참여한 가구의 비율이 얼마나 되는가를 체크 해보는 것이다. 예를 들어 연 1회 이상 참여한 가구가 전체 가구의 몇 % 정도인가를 기록해 둔다.

② 나눔의 종류별 참여지표

물질·재능·시간 등 나눔 형태별로 참여율이 어떤지를 기록한다. 올해 재능 나눔에 참여한 사람 수는 몇 명이고, 시간 나눔 봉사 시간은 전체 몇 시간, 물품 기부량은 얼마인지를 기록하는 것이다.

③ 공동체 만족도 지표

매년 주민을 대상으로 설문조사를 시행하여 다음의 사항을 점검해 본다. '나는 이 마을에서 필요한 도움을 받을 수 있다'에 대한 주민 긍정 응답률과 '나는 이 마을에서 다른 사람에게 도움을 줄 수 있다'의 응답률 추세를 살펴봄으로써 올바른 방향으로 가고 있는지를 점검할 수 있다.

  나눔공동체의 힘은 도와주는 사람과 도움받는 사람이 따로 없다는 것에서 나온다. 오늘은 내가 주고, 내일은 내가 받는 순환이 자연스럽게 일어날 때, 마을은 오래가는 관계망을 가진다. 이 구조를 만들면, 나눔은 '서로 살아가는 방식'이 된다.

제4장

마을발전을 위한 방향 잡기

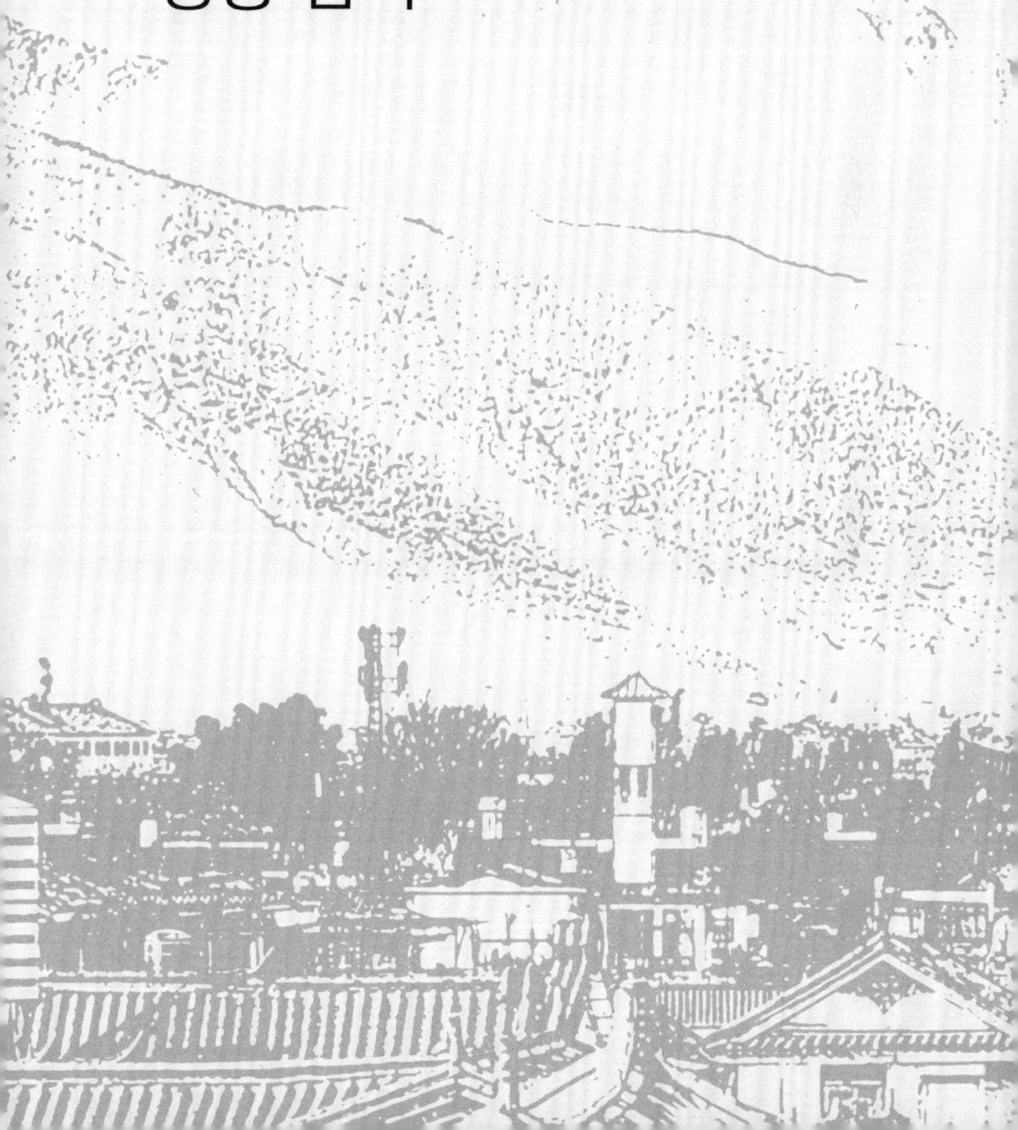

마을 운영을 위한 기초 다지기 이후, 주민들의 관계 회복을 위해서는 마을에서 생활공동체를 형성해야 한다고 하였다. 생활공동체, 학습공동체, 경제공동체, 나눔공동체로 발전해 나가는 것이 복잡하다고 생각할 수도 있고 지루한 과정이라고 생각할 수도 있다.

　마을의 발전은 하루아침에 이루어지지 않는다. 마을의 현재는 과거의 선택과 노력의 결과이며, 10년 후의 모습은 지금 우리가 무엇을 준비하고, 어떤 방향을 설정하느냐에 따라 달라진다.

　도시와 농촌의 경계가 흐려지고, 생활방식과 가치관이 다양해지는 시대에서 마을은 단순히 '사는 곳'을 넘어 '살고 싶은 곳'으로 변모해야 한다. 이를 위해서는 구체적인 미래상, 그 미래를 이루는 조건, 관계를 중심으로 하는 운영 시스템, 내부에서 나오는 힘, 그리고 궁극적으로 사람이 찾아오는 매력적인 마을로의 도약이라는 흐름을 잡아야 한다.

1. 10년 후의 시나리오
2. 사람이 들어 와 살고 싶은 마을의 조건
3. 첫째도 관계, 둘째도 관계이다
4. 안으로부터의 힘이 중요하다
5. 마을은 도시의 무릉도원이 될 수 있다

1. 10년 후의 시나리오

시나리오 1 - 잘된 마을의 10년 후

 10년 후 어느 마을의 가을, 마을회관 앞마당이 활기차다.

 아침이면 어르신들이 경로당 앞마당에서 건강체조를 하고, 옆에서는 귀촌 청년들이 드론으로 논과 밭을 점검한다. 마을 부녀회원들은 공동텃밭에서 수확한 채소를 다듬고, 청년들은 마을 온라인 장터에 올릴 사진을 찍는다. 한쪽에서는 중장년 주민들이 목공과 수공예 작업을 하고, 완성품은 마을 나눔 장터와 도시 직거래 행사에 출품된다.

 이 마을은 10년 전 주민의 관계를 회복하는 데서 출발했다. 울력과 반 모임을 부활시키고, 마을 행사에 자연스럽게 참여하는 습관을 만들었다. 처음에는 하지 않던 일을 한다는 불평도 있었지만, 꾸준히 하다 보니 지금은 정기적으로 하는 반 모임과 울력을 당연한 것으로 여기게 되었다.

 이후 세상 돌아가는 것과 평소 알고 싶었던 내용을 중심으로 학습하는 모임을 운영하여 농업기술도 배우고, 생활에 필요한 기술뿐만 아니라 인문학 강좌도 개최하여 함께 배우며 서로의 역량을 키웠다.

그 힘이 모여 마을사업을 할 수 있는 역량을 갖추었고, 경제공동체를 목표로 마을 가공공장과 직거래 장터 운영 등으로 수익을 올렸다. 수익 일부는 '마을나눔기금'으로 적립하여 계절마다 나눔 장터, 노후 주택 보수 봉사, 재능 교류회로 이어졌다.

귀촌 청년: 이 마을에선 서로 나누는 것이 당연한 문화입니다. 그래서 더 오래 있고 싶어요.

마을 어르신: 예전엔 혼자 조용히 농사만 지었는데, 이제는 매주 누군가 와 함께하니 웃음이 늘었죠.

외부에서도 이 마을을 배우러 찾아온다. 다른 마을의 임원진, 청년 창업팀, 귀촌 희망자들이 이 마을을 찾아와 '협력하는 삶'을 배운다.

시나리오 2 - 놓쳐버린 마을의 10년 후

같은 해, 다른 모습의 어느 마을.

마을 골목은 한산하고, 곳곳에 빈집이 눈에 띈다. 마을회관은 문이 닫혀 있고, 울력이나 회의도 거의 열리지 않는다. 생활공동체 회복을 위한 시도는 잠깐 있었지만, "먹고 살기 바쁘다", "안 하던 일을 하는 것이 귀찮다"라는 말이 쌓이며 흐지부지됐다. 주민들이 참여해 주지 않으니 이장도 내가 왜 사서 고생을 하냐며 노력을 기울이지 않았다.

주민들이 마을을 위해 봉사하는 마음을 가지게 하기 위한 울력이나 반모임은 흐지부지되었지만, 이장은 주민역량을 강화할 수 있는 학습공동체를 통해 반전을 시키고자 하였다.

하지만 주민들은 새로운 것을 배우자고 하면 "지금까지 잘해 왔는데 새로운 것을 배우면 머리만 아프다"라며 거부하였고, 취미나 건강을 위한 강좌를 하려고 해도 참가자 모집이 어려워 포기하였다.

그렇다면 돈 버는 일에는 관심이 있을 것이라는 생각에 마을사업을 하기로 결의하고 지원사업에 공모하였다. 전문기관의 도움을 받아 사업을 따내는 데 성공하였고, 주민들은 마을에 돈이 들어온다는 생각에 관심을 보였다. 하지만 누구 하나 나서려는 사람은 없고, 자신에게 어떤 이익이 발생하는지에만 관심이 있었다. 사업 진행을 위해서 필요한 교육이나 회의에도 사람을 모으기가 힘이 들었다. 결국, 지원사업의 결과로 가공공장은 지어졌고 마을에서 운영해야 하는 단계가 되었다.

하지만 모두 바쁘다는 핑계만 대고 운영을 책임지고 해보겠다는 사람이 없어 지금은 몇 년째 가동이 중단된 상태이다. 마을발전을 위한 지원사업은 진행의 과정에서 갈등과 불신만 낳았다. 지금은 마을사업의 '마' 자도 끄집어내지 못할 정도로 마을 지원사업에 대한 불신도 커진 상태이다.

주민들은 서로의 어려움을 알면서도 모른 척하게 되었고, 누가 도움을 주거나 받는 일도 서로 불편하게 느끼는 상태이다.

마을 어르신: 예전엔 그래도 한 번씩은 모였는데, 이젠 누가 사는지도 잘 모르겠어.

귀촌인: 처음 왔을 땐 같이 뭔가 해보려 했지만, 돌아오는 건 무관심뿐이었어요.

이상 상반된 결과를 낳은 두 마을의 10년 후 모습은 이유가 무엇일까? 마을을 바꾸는 것은 외부의 막대한 예산지원이나 시설지원이 아니다. 마을을 바꾸는 건 사람의 관계이다.

생활공동체는 사람 사이의 관계를 회복하는 것이 목적이다. 학습공동체도 지속적인 배움을 통한 역량 강화를 표방하지만 결국은 배움의 과정을 통한 관계의 확장이 핵심이다. 이러한 관계의 회복과 확장을 바탕으로 경제공동체가 형성될 수 있다. 경제공동체는 주민 간의 신뢰가 없으면 성공하기 어렵다. 관계의 회복과 확장이 없는 상태에서 어떻게 신뢰의 구축이 되겠는가. 이러한 신뢰가 자연스러운 주고받음으로 실현되는 것이 나눔공동체이다. 결국, 주민의 관계 회복과 확장의 단계를 차근차근 지켜낸 마을과 그렇지 못한 마을의 모습이 이렇게 달랐다.

필자: 미래는 저절로 오지 않습니다. 지금의 작은 울력, 배우려는 마음, 함께 하는 사업, 한 조각의 나눔이 10년 후의 마을을 만듭니다. 오늘 우리가 쌓는 관계와 문화가, 10년 뒤 이 마을을 웃음소리로 채울 수도 있고, 적막하게 만들 수도 있습니다.

이장: 그렇다면 오늘부터, 웃음소리가 더 커질 선택을 해야겠군요.

2. 사람이 들어와 살고 싶은 마을의 조건

"우리 마을 옆 동네는요, 마을이 좋긴 한데, 사람도 잘 안 들어오고, 들어와도 금방 나가 버려요." 마을회관에서 나와 차를 마시던 김 씨 아주머니의 말이다.

옆에 있던 나는 웃으면서 대답했다.

"그게 다 이유가 있지요. 그냥 와서 살아 보라고만 해선 안 돼요. 살고 싶은 마음이 들려면 조건이 맞아야 하거든요."

마침 옆자리에는 얼마 전 마을에 들어와 '한 달 살아 보기'를 하며, 시골정착을 고민 중이던 서울 부부가 있었다. 그들이 물었다.

"그 조건이 뭔데요?"

나는 손가락을 하나씩 접으며 말했다.

"첫째는 아름다운 환경, 둘째는 사람들의 인심, 셋째는 유연하고 자유로운 생활, 그리고 넷째는 활동할 수 있는 기반이에요. 그런데 중요한 건 도시 사람의 눈으로도 그렇지만, 이건 그 마을 사람의 눈에도 그래야 한다는 거죠. 남들이 보기에 좋아 보이는 마을이 아니라, 우리가 살기 좋은 마을이어야 한다는 거예요."

1) 아름다운 환경 - 우리가 먼저 사랑하는 풍경

"사람들이 우리 마을에 오면 처음에 눈이 휘둥그레져요. 저기 봄이면 아름답게 피어나는 꽃밭, 여름이면 계곡 물소리, 가을이면 황금빛 들판, 겨울이면 눈 덮인 산자락. 근데 이게 그냥 있는 게 아니에요. 우리 주민들이 같이 꽃길을 가꾸고, 쓰레기를 치우고, 풀도 베고…, 그렇게 지켜온 거예요."

서울 부부가 고개를 끄덕였다.

"사진만 보고 왔다가, 막상 와서 쓰레기 많고 풀만 무성하면 실망하겠네요."

"그렇죠. 우리는 이 환경을 '관광 상품'이 아니라, '생활 공간'으로 지켜야 해요. 우리가 좋아야 다른 사람도 좋아하는 거죠."

아름다운 환경은 단순한 경관이 아니라, 주민의 생활 기반이다. 이를 위해서는 주민 주도의 환경관리 체계가 필요하다.

이를 위한 방법은 첫째, 정기적으로 주민이 함께 참여하는 환경정비의 날을 지정하여 운영하는 것이다. 두 번째는 계절별 경관작물을 재배하는 경관 농업을 활용하는 방법이 있다. 이는 농업인의 고령화에 대응하기 위해서도 모색될 수 있다. 셋째, 마을 내에서 쓰레기 불법 투기 및 불법소각의 관리체계를 갖추는 것도 필요하다. 이러한 활동은 외부 방문객의 눈에 보이는 '풍경'을 넘어서, 주민 자신이 매일 바라보는 '생활 환경'을 지키는 핵심이다.

2) 사람들의 인심 – 정(情)은 그냥 생기지 않는다

"근데 아무리 경치가 좋아도, 사람 사이가 서먹하면 오래 못 살아요."

나는 웃으며 부부에게 차 한 잔을 권했다.

"우리 마을에서는 새로 오는 사람을 위해 작은 환영식을 해요. 밭에서 기른 채소 한 봉지씩 가져오고, 식사를 준비해서 같이 해요. 그게 별거 아닌 것 같아도 마음을 풀어주는 거죠."

김 씨 아주머니가 한마디 거들었다.

"저기 서울서 온 ○○씨 기억나죠? 처음엔 말도 없고, 혼자만 지냈는데, 지난여름에 복날 삼계탕 나눔 행사에 참여하더니 이젠 우리보다 먼저 나와서 도와요."

"그게 인심이죠. 그냥 '좋은 사람'이 아니라, 함께 부대끼면서 생기는 관계. 이건 주민끼리도, 그리고 새로 온 사람도, 서로 노력해야 하는 거예요."

인심은 단순한 친절이 아니라, 지속적인 관계 맺기에서 나온다. 이를 위해서는 마을에서 실천해야 할 사항들을 다음과 같이 제시할 수 있다.

① 새 주민을 환영하는 프로그램을 운영하자.

마을에 이사를 오면 마을 안내서를 준비해 두었다가 알려주고, 첫 1년간은 마을 적응을 도와주는 멘토를 지정하여 운영하자.

② 마을에 쉽게 적응할 수 있는 모임인 정기 울력 행사를 하고 울력 후에는 같이 식사하는 자리를 만들자.

울력은 앞서 설명하였듯이 일을 위한 목적이 주가 아니라 주민을 만나게 하기 위한 것이 주된 목적이다. 즉 일과 놀이가 섞인 공동활동이 마을에 상시 있다면 새 주민의 마을 적응은 쉬워진다.

③ 마을에서 갈등이 생겼을 경우, 즉시 조정할 수 있는 체계를 갖추자.

사소한 갈등이 커지기 전에 중재할 수 있는 마을 시스템이 있어야 큰 갈등을 방지할 수 있다.

이러한 구조가 있어야만 인심이 개인 성격에 의존하지 않고, 마을 문화로 자리 잡을 수 있다.

3) 유연하고 자유로운 생활 - 규칙은 지키되, 삶은 내가 선택

"도시에서 오신 분들이 제일 좋다고 하는 게 뭔지 아세요? 아침에 눈 떠서 내가 할 일을 스스로 정할 수 있다는 거예요. 여기는 도시처럼 시간에 덜 쫓긴다는 거지요. 오전엔 밭일, 오후엔 장터, 저녁엔 책을 읽거나 음악 감상…. 이렇게 살 수 있다는 거죠."

서울 부부가 눈을 반짝였다.

"그럼 자유롭게 살 수 있네요?"

나는 고개를 끄덕였다가, 바로 덧붙였다.

"하지만 '자유'가 방종이 되면 안 돼요. 마을은 혼자 사는 곳이 아니라 같이 사는 곳이니까요. 서로 배려하면서도, 내 생활 리듬을 만들 수 있는 게 진짜 자유예요."

자유는 규율과의 균형 속에서 가능하다. 마을에서 유연하고 자유로운 생활을 유지하려면 다음 사항에 대한 이해와 준수가 필요하다.

① **마을에서의 생활 예절을 지켜야 한다.**

나만 좋자고 음악을 크게 틀어 놓고 소음을 발생시킨다거나, 쓰레기 배출일을 지키지 않는다거나, 공용공간인 마을회관, 경로당, 쓰레기 분리 수거장 등을 내가 편한 데로 사용하는 것은 마을의 생활 규칙을 어기는 것이 된다. 이는 마을에 살고 있던 주민이나 이사 온 주민 모두가 서로를 위해 같이 지켜야 하는 생활 예절이다.

② **서로가 다양한 생활방식을 수용해야 한다.**

농사를 짓는 사람도 있고 농번기에 한가한 사람도 있다. 마을에 상시 거주하는 사람도 있고 주말에만 왔다 가는 사람도 있다. 모두가 자기 나름의 삶의 방식이 있다. 지금은 과거처럼 온 마을이 농사를 짓는 그런 상황이 아니다. '나는 이렇게 정신없이 바쁜데 저 사람들은 놀고 있다.' 이런 생각을 하지 말자. 그들은 그들 나름의 바쁜 삶의 방식이 있는 것이다.

③ 마을행사에는 할 수 있는 한 참여하자.

　마을은 여러 사람이 어울려 살아가는 공간이다. 전원생활을 즐기려고 농촌에 이사를 왔다고는 하지만, 사람과 어울리지 못하면 좋았던 전원환경도 적막한 환경으로 느껴진다. 마을에 이사 온 후 5년이 되지 않아서 다시 도시로 돌아가는 사람들은 거의 주민들과 어울리지 못한 사람들이다. 처음 몇 년간은 친구들도 부르고 친지도 초대하고 해서 시간을 보낼 수 있다. 하지만 초대의 시간은 길지 않다. 기껏해야 2~3년이면 끝이 난다. 사람이 주위에 없으면 외로움을 느낀다. 그래서 그동안은 주민들과 담을 쌓고 살다가 이제 친해지려고 하면, 이미 그 사람은 마을에서 소위 '찍힌 사람'이 되어 있는 경우가 많다. 처음부터 마을에 대해 알아가는 과정이 필요하고 친해지는 과정이 필요하다. 이를 위한 가장 좋은 방법은 마을행사에 잘 참여하는 것이다.

　이러한 것들이 갖춰져야 도시민이 기대하는 '자유로운 시골 생활'이 현실이 된다.

4) 활동할 수 있는 기반 – 취미만으론 오래 못 간다

　"솔직히 말하면, 경치 좋고 인심 좋아도, 할 일이 없으면 오래 못 버텨요. 우리 마을에선 공동으로 농사도 짓고, 체험 마을 운영도 해서 이사 온 사람도 하려고만 한다면 소일거리가 있죠."

김 씨 아주머니가 웃으며 말했다.

"작년에 온 은퇴 부부 있잖아요? 남편은 평일에 복지관에 가서 봉사하고, 아내는 체험 프로그램 운영에 참여하고 있어요."

"맞아요. 이런 식으로 개인의 적성에 맞는 소일거리가 있어야 해요. 그래야 전원생활을 원하는 사람과, 그 사람의 삶이 이 마을에서 오래 머물죠."

활동을 할 수 있는 기반은 장기 정착의 핵심이다. 퇴직 후 농촌에 이주한 사람은 그간 경제적 이익을 위한 노동에 지친 사람이 많다. 그래서 농촌에서 노동 스트레스가 없는 삶을 추구한다. 하지만 노년의 삶은 활동이 있어야 한다. 자신의 삶을 보람있게 할 수 있는, 노동이 아닌 활동 거리를 찾아야 한다. 자연환경이 좋고, 여유로운 농촌에서의 생활이 좋다고는 하지만 늘 한결같을 수는 없다. 그래서 보람을 찾을 수 있는 활동을 찾아야 한다.

여기에 젊은 사람들이 들어 와서 할 수 있는 다변화된 소득원 개발이 되어 있다면 금상첨화이다. 마을 공동사업을 육성하는 것은 이러한 목적이 크다. 마을사업을 통해 외부 네트워크와 연결되면 마을에도 활력이 넘친다. 경제 기반은 개인의 생계뿐 아니라 마을의 유지 · 발전과도 직결된다.

나는 서울 부부에게 마지막으로 이렇게 말했다.

"환경이 사람을 부르고, 인심이 마음을 붙잡고, 자유로운 생활이 행복을 더하고, 활동의 기반이 그 행복을 오래 지켜줘요. 근데 이건 외부에서 오는 사람만을 위한 게 아니에요. 우리 마을 사람들이 먼저 행복하게 살 수 있는 조건이 되어야, 다른 사람도 '나도 저기서 살고 싶다'라고 느끼는 것이죠."

살고 싶은 마을을 만들기 위해서는 이러한 조건을 균형 있게 갖추는 것이 중요하다.

환경과 인심, 여유와 활동은 각각이 아니라 서로 연결된 것이며, 주민 주도의 관리와 운영이 핵심이다. 이는 외부인구 유입이 목표가 아니라, 현재 주민이 행복해야 지속이 가능하다. 이러한 네 가지 축이 맞물릴 때, 마을은 '사는 곳'을 넘어 '머물고 싶은 곳'으로 성장한다.

3. 첫째도 관계, 둘째도 관계이다

1) 관계가 사라진 농촌의 현실

"요즘은 마을이 예전 같지 않아."

한 어르신의 말 속에는 긴 세월의 회한이 담겨있었다. 예전에는 농번기면 품앗이로 서로 도와주었고, 집을 새로 짓는 날이면 동네 사람들이 모여 울력도 했다. 하지만 이제는 각자 살아가기 바쁘고, 세대 간의 소통도 잘되지 않는다.

"젊은 사람들은 바쁘다고 마을에 잘 안 나오고, 어르신들은 나이 들어 몸이 불편하니 더 이상 모이지 못하고…. 예전처럼 정이 넘치던 분위기가 없어졌어."

마을발전의 핵심은 사람이다. 사람과 사람 사이의 관계가 곧 마을의 자산이다. 그러나 현실은 점점 관계가 약해지고 있다. 그렇기에 이제는 의도적으로, 시스템적으로 관계를 회복하고 강화할 필요가 있다.

마을발전에서 가장 중요한 요소는 '관계 자본relationship capital'이다. 자본에는 돈, 토지, 건물도 있지만, 그보다 더 중요한 것이 사람들 사이의 신뢰와 유대이다. 관계 자본이 튼튼한 마을은 위기에도 함께 대응하고, 새로운 기회가 왔을 때 협력하여 성과를 낼 수 있다. 반대로 관계 자본이 약한 마을은 외부지원이나 자원이 들어와도 제대로 활용하지 못하고 내부 갈등으로 무너진다.

2) 전통 회복으로 관계 회복을 모색하자

올해 설날, 마을에서는 오랜만에 '합동 세배'를 했다. 이장은 이 행사를 하기 위해 주민들을 모아 말했다.

"우리 마을에 어르신들이 점점 줄고 있지요. 그래서 더더욱 세배 문화를 살려야 합니다. 세배는 단순히 절을 하는 게 아니라, 세대와 세대를 이어주는 다리입니다."

그날 아침, 주민들은 줄지어 팔순이 넘은 어르신들 앞에 무릎을 꿇고 절을 올렸다. 어르신들은 덕담을 건네며 새해 인사를 했고, 회관 안은 웃음과 따뜻한 말들로 가득 찼다.

"우리 마을이 아직 살아 있구나."

한 할머니의 말씀이 모두의 마음을 울렸다.

정월 대보름 밤, 마을 앞 들판에는 커다란 달집이 세워졌다. 해가 지고 사람들이 모여들자, 이장은 횃불을 들어 달집에 불을 붙였다. 곧 거대한 불길이 하늘로 치솟았고, 주민들은 함께 소원을 빌었다.

"올해는 우리 가족 모두 건강하게 해주세요."

"금년 농사 잘되게 해주세요."

아침에는 마을 농악대가 장구와 징, 꽹과리를 치며 지신밟기를 했다. 집집마다 다니며 덕담을 건네니, 주민들의 얼굴에는 웃음꽃이 피었다.

전통은 단순한 과거의 유물이 아니다. 그것은 관계를 잇는 매개이자, 공동체의 정체성을 회복하는 장치이다. 마을 합동 세배, 달집태우기, 지신밟기 같은 행사는 주민을 한 자리에 모으고, 마음을 나누게 하며, 세대를 연결한다. 이는 관계 자본을 키우는 강력한 방법이다.

"설날에 집안 식구들 챙기기도 바쁜데 무슨 합동 세배를 올립니까?"
"요즘 세상에 달집태우기 한다고 하면 소방서에서 하지 말라고 해요."

이런 불만을 이야기하는 사람도 있다. 할 수 없다고 생각하면 못 하는 것이다.

하지만 오늘의 마을 현실은 어떠한가? 명절에 자식들과 손주들이 내려와도 누구네 집에 누가 왔다 갔는지도 모른다. 심지어 옆집이나 앞집에도 누가 다녀갔는지 모른다. 그만큼 이웃과의 교류가 없다. 이러다 보니 명절에 자식들이 와도 자기 부모네 집만 들르고 옆집 어른에게 인사도 하지 않는 것이다. 이것이 현실이다. 자식들이 바쁘다 보니 그렇다고 한다. 바쁜 것이 모든 것의 마법 핑계는 아니다.

　우리의 전통은 더불어 살아가는 미덕이다. 정월 대보름은 척사대회를 위해 있는 날이 아니고, 마을 사람들의 안녕과 올해의 풍년을 기원하는 의미가 더 컸다. 실제로 마을에서 정월 대보름에 달집태우기를 하며 도시의 손주들을 초청해서 함께했더니, 그렇게 좋아할 수가 없었다고 한다. 그 마을은 이제 매년 정월 대보름에 소방차를 불러 놓고 달집태우기 행사를 한다. 도시의 손주들도 정월 대보름을 손꼽아 기다린다고 한다.

　어릴 적 아버지의 손을 잡고 동네 어른들께 세배를 드리러 다니던 기억이 있을 것이다. 우리의 어른들은 몸소 사람도리 하는 법을 보여주었다. 전통은 사람이 어떤 자세로 살아가야 하는지를 알려 준다. 명절에 자식들이 찾아오면 당연히 이웃들에게도 인사를 드리고, 마을회관에 오후에 모여 동네 어른들께 세배를 드린다면, 누구네 집에 누가 왔다 갔는지도 모르는 마을은 되지 않을 것이다.

3) 소통 시스템이 관계를 이어간다

　1월 초가 되자 주민들은 마을 소식지 제작을 준비했다.
　"이번에는 우리 마을 강아지들 사진도 넣고 이름도 소개하는 내용을 포함해서 소식지를 만들면 어떨까요?"
　부녀회장이 아이디어를 내자 모두 고개를 끄덕였다.
　이번 분기 소식지에는 설날 세배드리는 사진, 정월 대보름 행사,

다음 분기 마을 행사일정 등도 함께 싣기로 하고 회의를 마쳤다. 소식지는 예전처럼 각 반에 있는 기자들이 주민들과 접촉하여 원고를 작성하고 사진을 찍기로 했다. 분량은 각자 A4용지 1페이지 분량으로 작성하기로 했다. 전체적인 편집은 이 일을 도와주고 있는 노인회 총무가 하기로 했다. 노인회 총무는 예전에 직장생활을 해서 컴퓨터를 다룰 줄 알았지만, 더 잘해보겠다고 군청 정보화 교육에도 참여하였다.

이전에는 소식지 제작이 너무 큰 일처럼 느껴지고 돈이 많이 들 것이라는 생각에 엄두를 내지 못하였지만, 손글씨라도 좋으니 제작해보자는 전문가의 권유에 따라 시작하였고, 면사무소에서 복사를 지원해주어 지금까지 올 수 있었다.

분기마다 발행되는 소식지가 배포되자, 주민들은 서로의 소식을 더 잘 알게 되었고, 대화의 소재가 풍부해졌음은 물론이다.

젊은 귀촌인이 제안했다.

"요즘은 온라인 소통이 필수예요. 카카오톡 단체방을 만들고, 마을 밴드도 만들어 운영해 봅시다."

그 후, 출향인들도 마을 밴드에 들어와 댓글을 달았다.

"우리 고향이 이렇게 변하고 있다니 기쁘네요. 다음 마을행사에 꼭 내려가겠습니다."

이처럼 오프라인의 만남과 온라인의 연결이 결합되자, 마을의 소통은 더 활발해졌다.

전통 행사가 오프라인 관계를 회복한다면, 소식지와 온라인 채널은 관계를 이어가는 현대적 시스템이다. 특히 온라인은 출향인, 귀촌 준비자 등 '외부의 관계인구'를 연결하는 핵심 수단이다. 관계를 기록하고, 공유하며, 확장하는 것이 바로 관계 시스템의 힘이다.

 실제로 어느 마을은 마을 밴드를 만들고 도시의 자녀들도 초대장을 보내 밴드에 가입하게 하였다. 그리고는 마을의 모든 소식을 밴드에 공지했더니 마을에 거주하는 주민들과 자녀들의 소통이 더 빈번해졌다고 한다. 예를 들어 "아버지, 오늘 밴드에 보니까 씨앗 감자 신청하라고 하는데 신청하셨어요?"라고 하는 것과 같이 고령의 부모가 밴드를 보지 못해 소식을 놓칠까 봐 자녀가 부모에게 전화를 걸어오는 일이 생긴 것이다.

4) 관계인구를 마을의 힘으로

 여름에는 특별한 행사가 열렸다. 이름하여 "고향사랑 초청 잔치"를 했더니, 출향인, 도시에 거주하는 자녀들이 대거 찾아왔다.

 "저는 서울에 살지만, 고향 소식을 늘 온라인으로 봅니다. 오늘은 아이들과 함께 내려왔어요."

 행사에서는 풍물 공연, 떡메치기, 메밀전 부치기 체험이 마련되었고, 저녁에는 주민과 손님이 함께 어울려 식사를 했다.

 가을이 되자, 마을에서는 "추수 감사축제"를 열어 농산물 꾸러미를 판매했다.

"우리 고향 농산물을 정기적으로 받아보고 싶어요."

출향인들의 주문이 이어졌다. 또한, 마을 후원 기금을 온라인 모금으로 운영했더니, 도시에서 참여한 후원자들도 늘어났다.

관계인구는 단순한 방문객이 아니다. 그들은 마을과 정서적·경제적 관계를 맺으며, 때로는 마을을 돕는 후원자가 되고, 때로는 미래의 귀촌인이 된다. 관계인구 확보는 고령화와 인구 감소로 어려움을 겪는 농촌의 지속가능성을 보장하는 핵심 전략이다.

마을발전은 돈이나 시설만으로는 불가능하다. 결국은 사람이, 그리고 사람 사이의 관계가 중심이다.

내부적으로는 전통과 공동체 활동을 통해 신뢰와 유대를 회복하고, 외부적으로는 관계인구를 확보하여 지속적으로 관계망을 확장해야 한다.

"첫째도 관계, 둘째도 관계"라는 말은 단순한 수사가 아니다. 그것은 마을의 생명선이다. 관계를 담보하는 시스템, 즉 전통·소통·참여의 장치를 얼마나 잘 운영하느냐에 따라, 오늘의 마을이 행복하고, 마을의 10년 후 미래는 달라진다.

4. 안으로부터의 힘이 중요하다

1) 함께하는 힘

　마을의 변화는 단번에 이루어지지 않는다. 생활공동체를 이루며 함께 밥을 나누고, 울력에 나서며 땀을 같이 흘린 경험이 밑바탕이 된다. 그 위에서 학습공동체가 자라난다. 서로 배우고 가르치며, 취미와 교양, 농사기술과 서로의 재능을 나누는 과정은 마을의 내일을 준비하는 훈련과도 같다.

　이처럼 생활과 학습을 통해 단단해진 마을은 이제 스스로의 힘을 느끼기 시작한다. 그것은 외부에서 주어지는 것이 아닌, 안으로부터 솟아나는 힘이다. 그 힘이 없다면 생활공동체도, 학습공동체도 한순간의 모임으로 끝나고 만다.

"우리 마을도 이제 뭔가 큰 사업을 해봐야 하지 않겠어요?"
　회관에 모인 이장이 말했다. 사람들은 고개를 끄덕였지만, 표정에는 어딘가 불안이 묻어 있었다.
"근데 말이야, 지원사업 끝나면 우리는 뭐로 이어가지?"
　한 어르신이 중얼거리자, 방 안은 순간 조용해졌.
　그때 젊은 귀농인이 조심스럽게 입을 열었다.

"저는 우리가 먼저 힘을 길러야 한다고 생각합니다. 오늘날 마을이 여기까지 온 것도 결국, 우리가 모두 함께해서 된 거잖아요. 밖에서 주는 예산보다, 우리 안에서 생겨난 마음이 더 중요한 것 아닐까요?"

사람들은 말없이 서로의 얼굴을 바라보았다. 그 순간, '안으로부터의 힘'이라는 말이 마을 사람들의 가슴에 새겨졌다.

2) 안에서 피어나는 힘의 의미

외부의 자원은 바람처럼 스쳐 지나간다. 잠시 불씨를 살려주지만, 불길로 키워내는 건 주민들의 몫이다.

자발성은 누가 시켜서가 아니라 스스로 하고 싶어서 움직이게 한다. 관계성은 서로 돕고 신뢰하는 마음이 모일 때 발휘된다. 학습력은 새로운 것을 받아들이고, 실패에서도 배우는 힘이다. 정체성은 '이 마을은 우리가 만든다'는 주인의식에서 비롯된다.

이 네 가지 자발성, 관계성, 학습력, 정체성은 외부의 돈으로 살 수 없는, 오직 안에서 길러낼 수 있는 보물과도 같다.

한 마을은 큰 예산으로 현대식 체험관을 세웠다. 하지만 운영할 사람이 없었고, 주민들은 관심을 두지 않았다. 몇 해 지나지 않아 건물은 텅 비었고, 외부인은 발길을 끊었다.

반대로 또 다른 마을은 주민이 즐기는 작은 음악회로 시작했다.

주민들이 십시일반으로 기금을 모아 해마다 우리들을 위한 잔치를 열었다. 처음에는 소박했으나 점차 커졌고, 결국 외부 지원과도 연결되었다. 그 마을의 불길은 지금도 꺼지지 않고 있다.

사람들이 말한다.

"밖에서 얻은 불씨는 꺼질 수 있지만, 안에서 지핀 불길은 계속 타오른다."

3) 왜 안으로부터의 힘인가?

마을발전을 연구하는 입장에서 볼 때, 내부의 힘은 단순히 주민의 마음을 넘어선다.

그것은 지속성을 보장하는 힘이다. 외부의 도움은 끝나면 사라지지만, 내부의 힘은 매일 새롭게 살아난다.

그것은 자율성을 낳는 힘이다. 스스로 결정하고 실천할 때 책임감이 커지고, 결과에 대한 만족도 또한 커진다.

그것은 정체성을 지키는 힘이다. '우리 마을다움'을 잃지 않고, 바람 앞에서도 꺾이지 않게 하는 힘이다.

외부 자원은 불씨일 뿐이다. 그 불씨를 불길로 만드는 것은 안에서 길러진 힘이다.

그래서 안의 힘을 키우는 구체적 길을 지속해서 가야 한다.

① 관계를 살리는 길을 가야 한다.

전통행사를 다시 복원하고, 소통을 위한 노력(소식지, 마을 밴드, 단톡방)을 하고, 출향인이나 도시 자녀들과의 연결고리를 만든다. 관계가 곧 힘이다.

② 배우며 성장하는 길을 가야 한다.

주민 욕구를 묻고, 작은 학습 모임으로 시작해 점차 다양한 분야로 학습을 확장한다. 배우는 순간, 마을은 자란다.

③ 스스로 실천하는 길을 가야 한다.

우리가 할 수 있는 범위 내에서 스스로의 힘으로 해보는 것이다. 작은 기금을 모으고, 텃밭과 장터 같은 소규모 사업을 해본다. 실패해도 괜찮다. 시도가 곧 자산이 된다.

④ 우리다움을 세우는 길을 가야 한다.

마을 운영의 원칙을 세우고, 마을정관을 근거로 운영하며, 마을의 역사를 기록한다. '우리 마을다움'은 안의 힘을 굳건히 하는 뿌리다.

이장이 회의를 마치며 이렇게 말했다.
"밖에서 얻는 건 잠깐이지만, 우리 안에서 키운 건 오래갑니다."
외부의 도움은 불씨다. 그러나 안에서부터 키우는 힘은 불길이다. 불씨는 바람에 꺼지지만, 불길은 세대를 이어 마을을 따뜻하게 지킨다.

  안으로부터의 힘은 외부 자원을 끌어들이는 자석이 된다. 그리고 그 힘은 바람에도 꺼지지 않는 불길처럼, 마을을 오래도록 밝히고 지켜준다.

5. 마을은 도시의 무릉도원이 될 수 있다

1) 무릉도원은 상상이 아니다

"선생님, 무릉도원이라는 말이 어디서 나온 건가요?"

마을회관에 모여 앉은 주민 중 한 분이 물었다. 강의 도중 잠시 쉬던 때였다.

"아, 좋은 질문입니다." 내가 웃으며 답했다.

"무릉도원武陵桃源은 중국 동진東晉 시대의 시인 도연명陶淵明이 지은『도화원기桃花源記』에 나오는 이야기에서 비롯된 말입니다. 한 어부가 우연히 깊은 산속으로 들어갔다가 복숭아꽃이 흐드러지게 핀 마을을 발견했는데, 그곳 사람들은 전쟁도 모르고, 세금도 없고, 모두가 평화롭게 협력하며 살아가고 있었습니다. 그 마을이 바로 무릉도원입니다. 그래서 무릉도원은 흔히 이상향, 즉 우리가 꿈꾸는 평화롭고 조화로운 공동체를 상징하게 되었지요."

"우리 마을도 그런 무릉도원이 될 수 있다면 정말 좋을 텐데요."

"그렇습니다. 사실 현대의 무릉도원은 도시는 어렵겠지만, 여러분이 사는 농촌 마을이야말로 하기에 따라서 도시민들이 동경하는 무릉도원이 충분히 될 수 있습니다."

무릉도원은 신화 속 이야기가 아니다. 그것은 인간 사회가 언제나 꿈꾸어온 '다시 돌아가고 싶은 삶의 원형'이다. 도시의 삶이 제공하지 못하는 평온함, 관계, 그리고 자연과의 조화가 농촌에는 남아 있다. 따라서 농촌은 단순히 '도시보다 낙후된 공간'이 아니라, 인류가 지속 가능한 미래를 설계하는 데 반드시 주목해야 할 대안 문명 공간이다.

"저는 헬레나 노르베리 호지 여사의 『오래된 미래』라는 책을 떠올립니다." 나는 책 한 권을 들어 보이며 말을 이었다.

"이 책은 인도 라다크 지역에서 저자가 직접 경험한 농촌 공동체의 삶을 다루고 있는데요, 놀라운 사실은 그곳 사람들이 물질적으로는 부족했지만, 서로 돕고 의지하며 살았기에 삶의 만족도가 매우 높았다는 겁니다. 경쟁 대신 협력, 소비 대신 절제, 고립 대신 관계 속에서 살아간 것이지요. 그 모습이 바로 우리가 잃어버린 '오래된 미래'라는 겁니다."

헬레나 노르베리 호지는 '발전'이라는 이름으로 파괴된 현대 도시의 삶보다 농촌의 공동체 속에서, 오히려 인류가 지향해야 할 대안 사회의 모델을 발견했다.

2) 농촌을 보는 시각이 바뀌어야 한다

"여러분, 도시민들이 농촌에서의 전원생활을 왜 원하는지 아십니까?"

한 노인이 대답했다.

"공기 좋고 물 맑아서지요."

다른 이가 덧붙였다.

"도시보다 조용하니까, 좀 쉬러 오는 거 아니겠습니까."

"맞습니다. 그런데 더 중요한 이유가 있습니다. 바로 여러분이 살아가는 방식 자체가 도시민들에게는 꿈같은 것이기 때문입니다. 도시민들은 늘 경쟁하고, 시간에 쫓기고, 관계가 단절된 채 살아갑니다. 반면에 농촌은 아직도 이웃과 정을 나누고, 함께 일하고, 계절을 따라 살아가잖아요. 이것이 바로 무릉도원의 본질입니다."

우리는 금융자본주의 시대에 살고 있다. 차고 넘치는 물질문명의 혜택 속에서도 더 많은 욕망을 채우기 위해 늘 갈증을 느낀다. 더 많은 재화, 더 안락한 삶, 더 재미있는 놀이, 더 맛있는 음식을 탐하며 숨 가쁘게 오늘을 산다. 이러한 삶이 우리의 인생을 풍요롭게 만들어주고 있는가? 가슴 한가운데 늘 채워지지 않는 공허함을 느끼고, 무언가 지금보다는 충만한 인생을 원한다.

이제 농촌을 보는 시각을 바꾸어야 한다. 경제적으로 낙후되고 떠나지 못하는 사람들의 공간이 아니라, 인간다운 삶을 추구할 수 있는 공간으로 재조명되어야 한다. 농촌은 그러기 위해서는 다음의 요소를 갖추어야 무릉도원이 될 수 있다.

① 깨끗한 물과 공기, 사계절의 변화가 주는 생태적 풍요가 보전되어야 한다.
② 사람 간 신뢰와 협력, 세시풍속과 울력 같은 관계를 회복하는 공동체적 기반이 있어야 한다.
③ 농촌이 스스로 자립할 수 있는 경제적 기반이 있어야 한다.
④ 주민 스스로 즐기는 동아리, 각종 강좌, 마을 축제 등 농촌 공간에서 주민 주도로 즐길 수 있는 농촌다운 문화적 기반이 있어야 한다.
⑤ 주민의 참여를 보장하고 합리적인 의사결정을 할 수 있는 마을 운영의 민주적 기반이 있어야 한다.

3) 우리가 만들어 가는 무릉도원

"사실, 도시민들이 우리 마을을 찾는다고 해서 마을이 무릉도원이 되는 것은 아닙니다. 여러분이 스스로 자부심을 가질 때, 그리고 마을이 가진 가치를 당당히 인정할 때, 이곳은 진정한 무릉도원이 됩니다. 도시민에게 보여주기 위한 공간이 아니라, 주민 스스로 행복하게 살아가는 터전일 때, 그 행복이 밖으로 흘러가고 도시민을 끌어당기는 것이지요."

주민 중 한 사람이 천천히 손을 들었다.

"그럼 우리가 스스로 행복하게 사는 마을이라고 느낀다면, 우리 마을은 이미 무릉도원이라는 말씀이군요?"

"그렇습니다. 무릉도원은 멀리 있지 않습니다. 바로 여러분이 사는 이 마을 안에 있을 수 있습니다."

농촌은 도시보다 뒤떨어진 곳이 아니다. 오히려 도시가 잃어버린 가치를 지켜온 보물창고이다.

주민들이 자부심을 가지는 순간, 마을은 외부가 부여하는 '관광지'가 아니라, 스스로 지켜내고 가꿀 수 있는 삶의 터전이 된다. 자부심은 곧 지속가능성으로 이어진다. '내가 사는 곳이 곧 무릉도원'이라는 인식이 주민의 삶을 풍요롭게 하고, 도시민에게는 새로운 미래를 보여준다.

따라서 농촌 마을은 단순히 도시의 뒷마당이 아니라, 도시가 동경하는 이상향, 즉 현대 사회의 무릉도원이 될 수 있다. 그리고 그 무릉도원은 지금 이 순간에도, 주민 한 사람 한 사람의 마음속에서부터 시작되고 있다.

우리는 다섯 가지 주제를 통해 농촌 마을의 미래를 그려보았다.

① 마을 운영의 기초를 튼튼히 세워야 한다.

단체등록으로 마을의 지위를 확보하고, 임원체계를 정비하며, 원칙을 세워가는 과정은 마을발전의 출발점이다.

② 주민참여의 중요성은 아무리 강조해도 지나치지 않다.

판을 짜는 임원의 철학과 주민들의 작은 목소리가 모여야만 마을은 살아 움직인다.

③ **마을도 성장의 단계가 있다.**

생활공동체, 학습공동체, 경제공동체, 나눔공동체를 거쳐야 진정한 발전이 가능하다. 그 단계마다 주민들의 배움, 협력, 나눔이 깊어지며 마을의 힘은 축적된다.

④ **마을의 10년 후를 생각하는 것은 단순한 계획이 아니라, 주민 스스로 미래를 디자인하는 행위이다.**

시나리오를 그리고, 현실을 반영하며, 함께 하는 삶을 어떻게 이어갈 것인지를 고민하는 과정이 필요하다.

⑤ **마을은 도시의 무릉도원이 될 수 있다.**

도연명의 『도화원기』에서 비롯된 무릉도원의 상징, 그리고 헬레나 노르베리 호지의 『오래된 미래』가 보여준 공동체적 삶의 가치는, 결국 농촌 마을이 인류의 새로운 미래를 준비하는 현장이 될 수 있음을 증명한다.

이 다섯 주제는 따로 떨어진 이야기가 아니다. 그것은 하나의 큰 원圓을 그린다. 마을 운영의 기초와 주민참여는 마을의 뿌리이고, 4단계에 걸친 성장 단계는 기둥이며 줄기이다. 우리가 바라는 10년 후의 미래는 꽃이고, 무릉도원으로서의 마을은 열매이다.

즉, 농촌 마을은 씨앗에서 열매까지의 성장 과정을 스스로 이뤄

내는 생명체와 같다. 이 과정은 외부의 누군가가 대신해줄 수 없다. 주민의 손과 발, 그리고 마음이 모여야 한다.

이제 독자들에게 당부하고 싶다. 농촌은 결코 도시보다 뒤처진 곳이 아니다. 오히려 도시가 잃어버린 것을 지켜온 보물창고이다.

깨끗한 자연은 농촌의 힘이다.

서로 돕는 문화는 농촌의 자산이다.

세대를 이어가는 지혜는 농촌의 미래다.

그러므로 농촌 주민들은 "우리가 사는 마을이 곧 인류의 미래"라는 자부심을 가져야 한다. 도시민이 농촌을 찾아오는 이유는 단순한 풍경 때문이 아니라, 주민들이 지켜온 삶의 방식 때문이다.

우리가 함께 걸어온 다섯 가지 주제는 결국 하나의 선언으로 귀결된다.

"농촌 마을이야말로 모두가 꿈꾸는 이상향이며, 새로운 문명의 출발점이다."

이제 무릉도원은 먼 전설 속 이야기가 아니다. 그것은 바로 우리의 마을 속에 있으며, 주민들의 마음과 손길 속에서 다시 태어나고 있다. 농촌이 도시의 뒷마당이 아니라, 도시가 배우고 동경하는 미래의 학교가 될 때, 우리는 비로소 농촌이 인류의 오래된 미래이자 새로운 희망임을 확인하게 될 것이다.

제5장

마을발전을 위한 지방정부의 역할

※ 우리나라는 아직 법적으로 지방자치단체라는 용어를 사용하고 있다. 하지만 이 책에서는 진정한 지방자치를 바라는 마음에서 '지방정부'로 표기하였다.

마을의 발전은 주민들의 자발적인 참여와 공동체의 힘에서 출발한다. 그러나 그것만으로는 부족하다. 마을의 열정과 노력에 제도적 기반을 마련해 주고, 행정적 뒷받침을 제공하며, 마을의 목소리가 정책으로 연결되도록 돕는 이들이 있다. 바로 공무원이다.

 공무원은 때로는 규제와 제도의 울타리 안에서 '감시자'로 인식되기도 한다. 하지만 진정한 의미에서 공무원은 마을을 지원하는 동반자이자, 촉진자, 조정자이다.

 마을 주민이 직접 씨앗을 뿌리고 가꾸는 사람들이라면, 공무원은 그 씨앗이 자라날 수 있도록 비와 햇볕, 울타리를 마련하는 이들이다.

 따라서 마을발전을 이야기하며 공무원의 역할을 **빼놓을 수 없**다. 이번 장에서는 마을발전을 위한 공무원의 책무와 실천 방향을 정리하고자 한다.

  1. 마을을 왜 지원해야 하는지를 분명하게 인식하라
  2. 우리 지역에 맞는 판을 짜라
  3. 유능한 전문가를 모셔라
  4. 단기 성과에 집착하지 마라
  5. 마을 자체의 힘을 믿어라

1. 마을을 왜 지원해야 하는지를 분명하게 인식하라

"과장님, 우리 마을에도 지원 좀 해주이소. 옆 마을은 뭐가 왔다는데, 우린 왜 없습니까?"

마을을 방문하면 현장에서 들을 수 있는 말이다. 행정 시스템을 잘 모르기 때문에 주민들은 당연히 마을을 위해 행정이 무언가를 해줄 수 있다고 기대한다. 하지만 이러한 난감한 부탁을 받을 때마다 마을 지원사업의 시스템에 대한 설명도 필요하지만, 공직자는 마을 지원사업에 대한 근본적인 철학을 가지고 있어야 한다. 그래야 "도대체 왜, 어떻게 마을을 지원해야 하는가?"에 대한 올바른 답을 할 수가 있다.

1) 마을은 단순한 공간이 아니다

마을은 단순히 사람들이 모여 사는 생활 공간이 아니다. 그것은 수백 년 동안 이어져 온 공동체 문화의 저장소이고, 한국 사회의 기초 세포와도 같다. 예로부터 마을은 향약을 통해 규칙을 만들고, 울력을 통해 마을의 힘든 일을 해냈고, 품앗이로 함께 농사를 지었으며, 동계洞契를 통해 서로의 삶을 지탱했다.

만약 마을이 쇠퇴한다면 무슨 일이 일어날까? 단순히 행정리가 하나 없어지는 것이 아니다. 농업 기반이 무너지면서 식량 자급이 어려워지고, 세대를 이어온 전통문화가 사라지며, 고령자와 취약계층을 돌보던 생활 안전망이 붕괴한다.

다시 말해 마을의 붕괴는 곧 국가의 균형과 안전망이 무너지는 일이다. 그래서 마을을 지원하는 일은 단순한 '시혜적 행정'이 아니라, 국가 존속을 위한 전략적 과제이다.

2) 공무원의 역할은 무엇인가?

그렇다면 이 중요한 과제를 누가 책임지고 수행해야 할까? 바로 공무원이다. 여기서 말하는 공무원은 단순한 서류 처리자가 아니다. 오히려 국정 철학을 현장에서 구현하는 실천가이다.

그래서 공무원의 역할은 세 가지로 요약할 수 있다.

① 정책의 철학을 전파하는 전달자이다.

중앙정부의 정책이 지방정부에 전달되면, 담당자가 해야 할 가장 중요한 일은 해당 정책의 철학을 파악하는 것이다. 세부시행지침에 어떠한 내용이 있고 예산의 규모는 얼마이며, 시행시기는 언제까지인가를 파악하는 것도 중요하지만, 이러한 정책이 '왜 나왔으며, 어떤 효과를 거두고자 하는가'를 먼저 파악해야 한다. 그리고 이를 주민들에게 설득력 있게 설명할 수 있어야 한다. 그래서 마을발전 지원사업은 예산을 주는 것이 아니라, 삶터를 보존하고 공동체를 지켜내는 일이라는 철학을 알리는 역할을 해야 한다.

② **현장을 대변하는 중재자이다.**

정책과 현장의 현실 사이에는 늘 간극이 존재한다. 이 간극을 메우고, 때로는 주민의 목소리를 위로 전하고, 때로는 정책의 정신을 아래로 풀어내는 중재자 역할을 현장의 공무원은 해야 한다. 마을 지원사업은 갈수록 지방정부에 대한 권한의 위임이 확대되고 있으므로 현장의 목소리를 반영하는 것은 매우 중요하다.

그래서 공무원은 현장을 알아야 한다. 현장을 모르면서 정책의 시행지침을 안다고 마을발전을 지원할 수 있다는 착각을 해서는 곤란하다. 모든 현장을 다 파악하기에는 물리적 한계가 있겠지만 본인 나름의 마을발전에 대한 기준이 생길 때까지는 시간을 내서라도 현장을 다녀야 한다. 특히 마을 공동체 지원업무를 처음 맡게 되었다면, 마을 지원에 대한 철학을 이해하고 정책을 공부한 다음에는, 반드시 현장을 찾아가서 정책의 문제점까지 파악할 수 있어야 한다. 그래야 살아 있는 정책을 시행할 수 있다. 정책의 시행지침이 잘못되었으면 시정을 건의할 수 있어야 진정한 현장의 담당자이다.

③ **미래를 보는 마을발전의 동반자이다.**

공무원은 '눈앞의 성과'를 관리하는 존재가 아니라, 마을이 미래로 나아가도록 판을 깔아주는 사람이다. 그래서 장기적인 시야를 가지고 있어야 한다. 올해는 마을 지원사업에 몇 개의 마을을 선정했는지가 중요한 것이 아니다. 관내 마을의 역량이 어느 단계에 있는지를 파악하고, 마을 지원사업 신청을 유도해도 될 단계인지를 알고 있는 것이 더 중요하다. 그래야 진정한 마을발전의 동반자라 할 수 있다. 지원사업의 실적을 채우기 위해 마을을 지원예산으로 유혹하는 공무원은 최악의 공무원이다. 이는 다음 담당자에게 끊임없는 민원의 지옥을 경험하게 만든다. 그래서 공무원은 마을발전의 동반자라는 생각으로 마을 수준에 맞는 발전의 판을 단계적으로 깔아 줄 수 있어야 한다.

전문가의 시각에서 보자면, 공무원이 이런 역할을 내면화하지 못하면 행정은 늘 성과 지표를 채우는 관성 행정으로 남게 된다. 그렇게 되면 주민은 행정의 진짜 의미를 체감하지 못하고, 마을 지원은 '사업만 왔다 갔다 하는 일회성 이벤트'에 불과해진다.

3) 국가의 뿌리를 지키는 공간, 마을

마을 지원사업을 시행하는 데 공무원의 역할은 단순한 사업별 예산 배분이나 집행의 적절성을 감독하는 것만으로는 부족하다. 공무원이 마을 지원사업을 하는 이유는 단순히 주민을 돕기 위해서가 아니다. 그것은 국가와 지역사회의 미래를 지켜내기 위한 책무이다. 철학을 내면화하지 못한 행정은 사업만 남고, 진짜 공동체는 사라진다. 반대로 '왜 지원하는지'를 명확히 이해하는 공무원은 주민을 설득하고, 정책을 연결하며, 미래를 함께 그려가는 동반자가 될 수 있다.

  마을은 결코 행정의 '부속품'이 아니다. 그것은 살아 있는 공동체이고, 국가의 뿌리이다. 그렇기에 마을을 지원하는 일은 작은 곳에서 큰 미래를 지켜내는 위대한 과업이다. 공무원이 이 사실을 잊지 않고 가슴에 새길 때, 비로소 행정은 주민과 같은 방향을 바라보게 된다.

2. 우리 지역에 맞는 판을 짜라

 농촌 마을을 위한 각종 사업은 그동안은 중앙정부의 공모사업에 의존해왔다. 다양한 이름으로 사업들이 시행되었고, 지역의 특성을 반영한 상향식 사업을 표방하였다. 이러한 지원사업을 효과적으로 활용하여 마을발전을 획기적으로 이룬 마을도 있었고, 사업의 효과가 미미한 마을도 있었다. 사업의 효과가 미미한 마을의 공통점은 예산을 따내기는 했지만, 정작 마을 스스로 일어서는 힘을 기르는 데는 한계가 있었다는 사실이다.
 그래서 지금 필요한 것은 지방정부가 스스로 짠 고유한 마을육성 프로그램이다. 정해진 형식에 마을을 꿰맞추는 것이 아니라, 지역의 철학과 자체 예산을 바탕으로 주민의 힘을 기르는 판을 짜는 것이 지방자치 시대 행정의 책무이다.

1) 자체 마을육성 프로그램의 필요성

 마을 지원 공모사업은 대부분 사업 기간이 정해져 있고, 요건이 정형화되어 있다. 주민의 특성이나 역량 수준을 고려하여 역량 강화 사업비가 책정되어 있지만, 대부분 사업수행을 위한 교육과 선진지 견학으로 채워진다. 사업공모를 위한 요건을 갖추기 위해 현장포럼을 하고 공모사업 기획서를 작성하여 사업을 따내지만, 정작 사업이 진행되면 주민의 참여를 바탕으로 주도적으로 사업을 진행하는 데에는 한계가 있다. 대행사와 컨설팅회사가 개최하는 설명회와 교육에 참여하지만, 마을이 주도하는 역량이 부족하다면 끌려다니는 모양새를 나타낸다.

이렇게 마을의 역량이 갖추어지지 않은 상태에서 시행한 사업은 결국 남는 것은 시설 몇 개와 사업비 집행의 결산내용이고, 주민 스스로 변화와 발전을 모색하는 내적 힘은 길러지지 않는다. 이것이 마을의 힘을 기르지 않은 상태에서 시행한 지원사업의 결과이다.

우리가 아이들을 세상이 필요로 하는 훌륭한 인재로 키워내기 위해서도 정규 교육 과정을 거치게 한다. 초등학교, 중학교, 고등학교의 과정을 거치는 것이다. 그런데 마을은 어떠한가? 마을이 훌륭하게 성장할 수 있도록 하는 육성 프로그램이 있는가? 각 지방정부는 마을육성을 위한 프로그램을 의무적으로 운영해야 한다. 물론 이미 자체적인 육성 프로그램을 운영하는 곳도 있다. 하지만 아직도 많은 지방정부는 체계적인 육성 프로그램이 없는 것이 현실이다.

지방정부가 자체적으로 마련하는 마을육성 프로그램은 단순히 '지원'이 아니라 '훈련'이다. 주민을 돕는 데 그치지 않고, 주민이 스스로 마을발전을 설계하고 운영하며, 자체적으로 평가할 수 있는 능력을 키워내는 것이 목적이다.

2) 마을육성 프로그램의 핵심 요소

자체 육성 프로그램은 다음의 사항이 핵심이 되어야 한다.

① **마을 운영의 기초를 스스로 형성할 수 있도록 유도해야 한다.**

아직도 많은 마을이 이장 위주의 운영을 하고 있으며, 정기적인 회의체계나 마을정관 혹은 주민참여 행사 등을 하지 못하고 있다. 그러다 보니 1년 동안 주민들이 전체적으로 모이는 횟수도 1~2회에 그치는 경우도 많다. 이런 마을은 이장만 면의 행정기관에 왔다 갔다 하는 마을이다. 이렇게 교류가 없는 마을은 발전의 불씨를 지피기 어렵다. 그래서 이러한 마을은 우선 마을 운영의 체계를 정립하는 것이 우선되어야 한다.

② **주민의 주도성을 강화하는 프로그램을 운영해야 한다.**

마을육성 프로그램은 사업의 실행을 주민이 직접 기획하고 실행하도록 유도할 수 있어야 한다. 이 과정에서 주민은 행정의 지시를 따르는 수혜자가 아니라, 문제를 해결하는 주체가 되도록 해야 한다. 그래서 지방정부는 하고자 하는 마을에 대해서는 사업의 방향과 예산을 지원하되, 모든 결정은 마을에서 할 수 있도록 하는 것이 중요하다.

③ **단계적 육성 프로그램으로 설계하자.**

마을의 내적 역량을 키우기 위해서는 단계적인 육성 프로그램을 설계해야 한다. 말하자면 초등학교는 생활공동체 형성 과정이다.

생활공동체가 형성되지 않으면 우리 마을이라는 인식이 생기지 않는다. 사실상 마을육성 프로그램은 생활공동체 형성을 위한 노력이라고 보아도 무방하다. 여기에 시간이 많이 소요된다. 아무리 적게 잡아도 3년에서 4년이라는 기간이 소요된다. 이후 학습공동체 지원 프로그램을 준비해야 한다. 이 단계부터는 마을육성의 출구전략이라고 볼 수 있다. 이후 경제공동체 형성은 지방정부에 위임된 사업이나 광역정부의 지원사업을 활용할 수 있도록 유도하면 된다.

④ **행정서류를 간소화하자.**

마을육성을 위한 자체 프로그램을 운영하면, 마을에 예산을 지원하게 된다. 예산의 항목이 무엇이 되었든 간에 연말에는 사업비 정산을 해야 한다. 그래서 마을에 결과보고서와 증빙서류를 요청하는데, 많은 마을이 이런 서류 작성에 어려움을 겪는다. 행정기관에서는 당연한 요구사항이고, 마을도 지원금을 받았으면 정산서류를 제출하는 것이 당연하다. 하지만 너무 복잡하게 할 필요는 없다. 비교 견적서를 받아라, 증빙 사진을 첨부하라 등의 당연한 요구가 마을에서는 어려운 일이다. 너무 느슨하게 하지도 말아야 하지만, 꼭 필요한 증빙자료만을 요구하는 수준으로 간소화하자.

⑤ **심사를 통해 자발적 노력을 평가하자.**

한때 "정부 돈은 눈먼 돈이다. 먼저 먹는 놈이 임자"라는 말이 있었다. 이를 위해 편법을 쓰는 마을도 있었다. 하지만 지방정부의 자체 마을육성 프로그램은 처음부터 엄격한 기준으로 운영해야 한다. 먼저 사업의 지원 대상을 선정할 때에도 반드시 사전심사제도를 가지고 있어야 한다. 자발적으로 참여하는 마을을 대상으로 하되, 절대 관에서 먼저 도전하라고 부추기지 말아야 한다. 소위 마을육성 프로그램에 대한 입학시험을 치르게 하는 것이다. 입학시험을 통과하고 나면 성장의 단계를 두고 승급심사를 통해 해당마을의 노력을 평가해야 한다. 그래서 올바른 방향으로 가고 있는지를 점검해 주는 것이 승급심사제도이다. 이 경우 평가방식은 반드시 상대평가보다는 절대평가 방식을 도입하는 것이 좋다.

결국, 지방정부의 자체적인 마을육성 프로그램은 마을의 자생력을 확보하는 것이 핵심이다. 안으로부터의 힘을 길러주는 것이 가장 큰 목적이다. 이러한 육성 프로그램을 운영하다 보면 중도에 포기하는 마을도 생길 수 있다. 그것 또한 자연스러운 일이다. 모든 마을을 끌고 가려 하지 말고 하고자 하는 마을을 키우는 것이 중요하다. 의지를 가지고 끝까지 가는 마을은 나중에 다른 마을의 본보기가 된다. 그때는 포기했던 마을도 다시 도전할 수 있다.

3) 자체 육성 프로그램을 어떻게 만들까?

전국적으로 몇 가지 사례가 있지만, 필자가 설계하고 컨설팅한 사례를 중심으로 자체 육성 프로그램의 골격을 제시하면 다음과 같다.

가. 우리 지역에 맞는 모델을 먼저 설계한다

필자는 지방정부에서 자체 마을육성 프로그램을 만들어 달라고 요청이 올 경우, 해당 업무를 담당하는 직원들과 함께 지역의 현황을 먼저 파악한다. 이전까지 마을 지원사업을 시행한 마을은 몇 개인지, 예산지원은 얼마나 받았는지, 현재 진행 정도는 어떠한지, 잠자고 있는 마을은 몇 개인지 등을 분석한다. 이러한 현황파악이 끝나면 담당자와 마을 이장을 대상으로 핵심그룹인터뷰F.G.I를 하고, 문제점이 무엇인지 현장의 목소리를 듣는다.

그 후 다른 지방정부는 어떻게 하고 있는지를 담당 공무원들을 대동하고 벤치마킹을 한다. 이러한 과정을 거쳐 해당 지방정부에 맞는 육성모델을 설계한다.

나. 모델 설계가 끝나면 순회 설명회를 개최한다

모델 설계가 끝나고 마을육성을 위한 프로그램을 시행하겠다는 행정기관의 결심이 서면, 읍·면 순회 설명회를 개최한다. 이 자리에서 그간의 마을 지원사업에 대한 분석결과와 타 지방정부의 사례를 설명하고, 새롭게 설계된 육성모델에 대한 설명으로 이장들의 참여 욕구를 자극하는 것이 목적이다.

순회 설명회는 이장들을 대상으로 하지만, 필요할 경우 마을 임원 전체를 참석대상으로 할 수도 있다. 그래서 설명회 개최 시기는 농번기가 끝난 11월 중순 이후로 하는 것이 좋다.

다. 응모 마을을 대상으로 심사를 진행한다

설명회 종료 후 일정 기간을 주고 참여하고자 하는 마을은 참여 신청을 하도록 한다. 접수는 읍·면을 통하는 것이 바람직하다. 지방정부의 특성에 맞게 총무담당이나 산업담당을 통해 접수할 수 있지만, 마을육성 프로그램 특성상 필자는 총무담당이 하는 것을 권한다. 이는 마을의 역량을 키우는 일이기 때문이다. 사업참가 신청서가 접수되면 일자를 정하여 심사를 진행한다. 신청한 마을이 의지가 얼마나 있는지, 임원이나 주민과의 합의는 이루어졌는지, 지원금을 받아서 하고자 하는 사업의 내용이 마을육성 프로그램의 취지에 맞는지 등을 중심으로 평가한다. 이때도 평가방식은 절대평가 방식으로 진행한다. 다만 통과 기준을 높게 설정하지 않아야 한다. 필자는 100점 만점에 60점 이상이면 충분하다고 생각한다.

라. 마을에서 자율적으로 사업을 진행하도록 도와준다

응모심사에서 통과된 마을은 지방정부에서 사업비를 지원받아 마을의 자체 사업을 진행한다. 사업 기간은 1년이며, 철저하게 주민교류를 목적으로 마을에서 하고 싶은 일을 자율적으로 결정할 수 있도록 한다. 만약 사업을 진행하다가 처음 제출한 사업계획을 변경할 필요가 생기면, 마을의 회의를 거쳐 변경계획서를 제출하도록 한다. 그리고 사업목적을 크게 거스르지 않는다면, 변경이 가능하도록 한다.

행정기관에서 유의할 사항은 마을 사업비를 조기에 전달할 수 있는 체계를 갖추는 것이다. 농촌 마을의 특성상 3월 중순 이후부터는 농사를 준비해야 하므로, 가능하면 사업비가 1월 말까지 마을에 전달될 수 있도록 하는 것이 좋다.

그리고 처음으로 시작하는 일이므로 마을에 대한 컨설팅과 교육을 마을과 협의하여 지원할 수 있는 체계를 갖추어야 한다.

마. 연말에 승급을 위한 심사를 한다

그해의 사업은 원칙적으로 그해에 마무리할 수 있어야 한다. 그래서 11월 말까지는 사업을 종료하도록 유도하고, 12월에 일정을 잡아 사업결과 발표회를 개최하여 승급심사를 진행한다. 육성모델을 몇 단계로 설계하느냐에 따라 달라지지만, 필자는 4단계 육성모델을 권하는 편이다. 필자가 컨설팅한 어느 지방정부는 새싹, 뿌리, 기둥, 열매의 단계로 마을의 육성단계를 설정하였다.

단계별 지원금액은 새싹마을은 500만 원, 뿌리마을은 800만 원, 기둥마을은 1,000만 원, 열매마을은 1,500만 원으로 설정하였다. 하지만 이는 지방정부의 특성을 반영하여 지원금액을 설계하여야 한다.

단계별 승급기준은 뿌리마을로의 승급이 70점 이상, 기둥마을로의 승급은 80점 이상, 열매마을로의 승급은 90점 이상으로 기준을 높여 나갔다. 승급점수의 절대평가제는 마을간 경쟁을 유도하기보다 우리 마을만 잘하면 된다는 인식을 심어주어 자체적인 노력이 중요함을 깨닫게 한다.

승급하지 못한 마을은 유급제도를 두었다. 다음 해에 더욱 노력해서 승급할 기회를 주는 것이다.

4) 공무원의 역할: 마을의 힘을 길러주는 지원자

공무원은 지침을 전달하는 관리자가 아니라, 마을의 힘을 길러주는 지원자이어야 한다. 그래서 다음 네 가지가 필요하다.

① '우리 시·군은 마을을 어떻게 키울 것인가'라는 철학을 세우고, 이를 행정에 반영하여야 한다.
② 관련 조례 제정, 전담 부서 설치, 의회 설득으로 고유 프로그램을 제도화하는 제도의 설계자가 되어야 한다.

③ 자체 예산에서 마을육성 예산을 배정해 지속성을 확보하는 예산 기획자 역할을 해야 한다.
④ 이러한 과정이 마을이 스스로 문제를 찾고 해결하는 경험을 하도록 유도하는 프로그램이라는 생각을 가지고 장기적인 관점을 가져야 한다.

공무원은 마을에 대해 부정적인 생각을 가지면 안 된다. 예산을 지원했는데 이 마을이나 저 마을이나 하는 내용이 거의 비슷하다고 푸념한다든가, 눈에 보이는 성과가 나타나지 않는다든가, 사업을 했더니 이장들이 힘들다는 소리만 한다든가 하는 말이 공무원의 입에서 나오는 것은 금물이다. 마을육성 프로그램의 핵심은 마을의 힘을 스스로 키우는 것이다. 사업의 내용이 비슷하면 어떤가. 꽃을 심는 과정에서 주민들이 서로를 알고 친해졌다면 된 것이다. 모이지 않던 주민을 모이도록 하는 것이 핵심이다. 즉, 마을육성 프로그램의 핵심은 주민교류를 위한 기회를 제공하는 것임을 잊지 말아야 한다.

결론적으로 지방정부의 고유한 마을육성 프로그램은 단순한 지원이 아니라, 주민의 힘을 기르는 무대이다. 남이 마련한 판에 의존하면 주민은 늘 수동적 수혜자에 머문다. 그러나 지방정부의 지원으로 마을이 직접 판을 짜면, 주민은 주인공이 되어 스스로 서는 법을 배운다.

따라서 공무원은 지침 전달자가 아니라 주민역량의 훈련자, 마을의 힘을 길러주는 지원자가 되어야 한다. 이것이 바로 "우리 지역에 맞는 판을 짜라"는 말의 참된 의미다.

3. 유능한 전문가를 모셔라

　마을에는 선생님이 필요하다. 아이들이 학교에서 배우고 자라기 위해 담임선생님이 필요하듯, 마을도 자라기 위해서는 누군가 꾸준히 곁에서 지도해주는 선생님이 있어야 한다. 그동안 많은 마을이 정부 지원사업이나 외부 공모사업을 통해 '사업 전문가'나 '컨설턴트'를 맞이하곤 했다. 하지만 그들은 대부분 잠시 다녀가며, 짧게 조언을 남기고 떠나버린다. 학생이 매번 담임선생님이 바뀌는 것도 힘든데, 하루 이틀 강의만 해주고 사라지는 강사만 있다면 과연 제대로 된 배움이 일어날 수 있을까? 마을도 마찬가지다.

　필자가 경험한 바에 의하면 어느 지방정부는 각 면에 전문가를 1명씩 지정하고 1년에 4회 이상의 컨설팅을 제공하도록 하였다. 겉으로는 괜찮은 방법처럼 보였지만 결국은 실패로 끝났다. 과제를 맡은 전문가 입장에서는 4회의 컨설팅을 나름 알차게 진행하고 싶었지만, 마을 육성을 장기적으로 진행할 수 있는 권한이 없고, 마을 운영의 기초부터 지도해 본 경험이 없었기 때문에 자신의 전문 분야를 중심으로 강의를 진행을 할 수밖에 없었다.

1) 마을의 담임선생님, 전문가의 역할

마을의 선생님 같은 전문가는 주민을 대신해서 마을을 발전시키는 사람이 아니다. 그는 주민이 스스로 성장하도록 길을 보여주고, 때로는 지도를 펼쳐주며, 또 때로는 함께 길을 걸어주는 동반자다.

그래서 지방자치단체의 마을육성 프로그램에는 다음과 같은 역할을 하는 전문가가 필요하다.

① 주민에게 마을 운영의 기본을 알려주고, 실제로 마을에서 실천으로 이어지도록 돕는 교육자의 역할을 해야 한다.
② 마을이 시행착오를 겪더라도 방향을 잃지 않게 이끌어주는 길잡이의 역할을 해야 한다.
③ 주민 곁에서 오랫동안 함께하며, 마을의 기쁨과 고민을 함께 나누는 동반자의 역할을 해야 한다.
④ 흩어진 주민의 힘을 모아 공동체의 힘으로 바꾸어주는 촉진자의 역할을 해야 한다.

마치 초등학교 선생님이 한 학급 아이들을 돌보듯, 이 전문가도 한 마을 주민들과 꾸준히 관계를 맺으며 마을의 기초를 다져가는 것이다.

2) 왜 많은 전문가보다 한 명의 유능한 전문가인가?

 지금까지 지방정부는 마을육성을 위해 '다양한 전문가를 불러오면 더 도움이 되지 않을까?'라는 생각을 했다. 그러나 결과는 종종 혼란이었다. 누군가는 소득을 강조하고, 누군가는 문화사업을 말하며, 또 누군가는 자립의 중요성만 이야기한다. 주민들은 갈피를 잡지 못하고, 결국 "누구 말을 들어야 하지?"라는 의문만 남았다.

 다시 말하지만, 마을육성 프로그램은 초등학교 과정이다. 기본을 형성하는 단계에 있는 대상을 상대로 중·고등학교 과정을 이야기하다 보니 혼란이 생기는 것이다.

 하지만 초등학교의 담임선생님은 다르다. 수학, 국어, 체육, 미술 등 모든 분야의 전문가는 아니라도 아이들의 학습을 일관되게 이끌어가는 중심축이 된다. 초등학교 교육과정은 '전인교육知·德·體의 균형'을 지향하며, 한 교사가 장기간 아이들과 생활하며 전인적 발달을 지도한다는 취지에서 운영한다. 결국, 초등학교 선생님의 가장 큰 역할은 아이들의 가능성을 찾아내고, 그러한 가능성을 스스로 꽃피울 수 있도록 격려하고 지원하는 것이다. 마을도 마찬가지다. 여러 사람의 목소리보다, 방향을 분명히 제시하는 한 사람의 유능한 전문가가 필요하다. 그가 마을의 큰 그림을 함께 그리고, 다른 전문가들이 필요할 때는 조율해 불러온다면, 마을은 안정된 흐름 속에서 성장할 수 있다.

 이러한 전문가가 단기 용역처럼 몇 번만 다녀가는 사람이 되어서는 안 된다. 지방정부가 운영하는 마을육성 프로그램 안에 전담 마을 교사와 같이 전문가를 배치해야 한다. 그는 최소한 몇 년 동안 마을과 인연을 맺으며, 주민과 같이 배우고 실천하는 과정을 거쳐야 한다.

이런 전문가와 함께하는 마을은 처음에는 작은 습관부터 달라진다. 마을회의가 좀 더 질서 있게 진행되고, 주민 간의 소통이 원활해진다. 점차 주민 스스로 사업을 기획하고, 갈등을 조율하고, 새로운 아이디어를 모아낼 수 있게 된다. 이 과정이 바로 마을의 힘이 커지는 과정이다.

3) 전문가와 주민의 올바른 관계

중요한 것은 전문가가 '답을 주는 사람'으로 머물러서는 안 된다는 점이다. 주민을 대신해서 사업을 진행하는 것도 옳지 않다. 선생님이 아이의 숙제를 대신하는 게 아니라 스스로 풀어야 하듯, 마을도 전문가가 대신 움직여서는 안 된다.

전문가는 주민이 스스로 답을 찾아가도록 돕는 촉진자여야 한다. 마을의 경험과 생활 지혜는 전문가가 가진 이론과 만나 새로운 길을 만든다. 시간이 흐를수록 주민은 점점 더 힘을 키우고, 전문가의 도움은 점점 줄어든다. 결국, 마을이 스스로 걸을 수 있을 때, 비로소 전문가의 역할은 완성되는 것이다.

유능한 전문가란 곧 마을의 선생님이다. 지방정부가 운영하는 마을육성 프로그램은 단순히 돈을 지원하는 데 그쳐서는 안 된다. 주민에게 배움의 기회를 제공하고, 함께 성장하도록 돕는 선생님을 곁에 두어야 한다.

많은 전문가가 필요한 것이 아니다. 방향을 함께 잡아주는 유능한 전문가면 충분하다. 그가 있다면 마을은 조금씩 배워가며 스스로 힘을 키워낼 수 있다.

마을발전의 길은 멀고도 험하다. 그러나 좋은 선생님을 모신다면, 마을은 길을 잃지 않고 끝내 자기 힘으로 성장할 수 있다.

4. 단기 성과에 집착하지 마라

행정은 성과관리제도 도입 이후에 성과를 요구받는다. 몇 건의 사업을 했는지, 몇 명이 참여했는지, 얼마의 예산을 집행했는지…. 이런 결과 수치가 행정을 '단기 성과주의'로 몰아간다. 그러나 그 순간 마을 지원사업은 본래의 목적을 잃는다. 주민 스스로 힘을 기르는 과정이 아니라, 행정의 보고용 자료를 만드는 도구로 전락한다.

이렇게 마을 만들기도 성과에 치중하면 본질을 놓치기 쉽다. 수치를 나열하는 것이 성과가 아니다. 본래의 성과는 어떤 효과를 가져왔는지가 중요하다. 눈에 보이는 성과만을 관리하는 것은 진정한 성과주의를 오해하는 것이다. 행정이 눈에 보이는 성과에 집착할 때 마을육성은 잘못된 방향으로 가게 된다. 우리가 마을육성 프로그램을 운영하고자 하는 이유는 마을의 힘을 키우자는 것이다. 그래서 눈에 보이는 단기적인 것에 집착하면 다음의 결과를 낳는다.

① 주민은 소외되고, 스스로 할 기회를 잃는다.
② 단기적 성과를 위해 사업이 남발되지만, 지속성은 없다.
③ 눈에 보이는 결과만 채워지니 보고서는 그럴듯해도, 실제 마을의 변화는 없다.

결국, 주민은 행정에 의존하는 존재로 굳어지고, 마을은 더 약해진다.

1) 마을사업의 본질은 '올바른 과정'이다

마을을 키우는 일은 나무를 키우는 것과 같다. 비료를 한 번에 쏟아붓는다고 나무가 갑자기 자라지 않는다. 중요한 것은 뿌리가 땅속 깊이 내리고, 시간이 걸리더라도 스스로 자라는 힘을 갖는 것이다.

주민이 회의에 참여해보고, 갈등을 조정해보고, 작은 사업을 기획하고, 실패와 성공을 맛보는 그 경험 자체가 성과다. 눈에 보이는 건물이나 사진보다, 주민의 태도가 달라지고 자신감이 커지는 변화야말로 가장 값진 성과다.

그래서 행정은 과정에 주목해야 한다. 주민이 비록 미숙하게 회의를 진행했더라도, 그것을 스스로 해봤다는 것 자체가 성과다. 작은 꽃밭을 함께 가꿨다면, 규모나 모양이 중요한 것이 아니라 주민이 직접 기획하고 운영했다면 그것은 큰 의미다.

행정이 해야 할 일은 주민의 작은 성취를 존중하고 기다려주는 것이다. 사업비의 규모가 중요한 것이 아니라 주민이 주체가 되는 활동이 중요한 것이다. 1년, 2년짜리 성과가 아니라 10년, 20년 후에도 남을 수 있는 주민의 역량이 더 중요하다. 행정은 평가자가 아니라, 주민의 성장을 돕는 지원자가 되어야 한다.

2) 성과 대신 남겨야 할 것

만약 행정이 성과에 집착하지 않고 주민의 힘을 믿고 기다려준다면, 마을에는 다른 것이 남는다.

그것은 주민이 스스로 해냈다는 자신감, 함께하면 된다는 공동체의 신뢰, 행정 지원이 끝나도 이어지는 지속성이다. 이것이야말로 행정이 남겨야 할 진짜 성과다.

눈에 보이는 성과에 집착하지 마라. 성과는 종이 위에 남지만, 사람은 마음속에 남는다. 마을사업은 '몇 건 했는가'가 아니라, 사람이 얼마나 변했는가로 평가해야 한다. 행정이 단기적인 성과를 내려놓는 순간, 비로소 주민은 성장하기 시작한다.

"단기 성과에 집착하지 마라!"

이 말은 행정기관을 향한 비판이자, 동시에 행정 스스로 변해야 한다는 제언이다.

5. 마을 자체의 힘을 믿어라

"연세 드신 분들이 과반수 이상인데 별 관심이 있겠어요?"
"마을사업을 하면 마을이 할 능력이 없으니 결국 행정이 다 챙겨야 합니다."
"면사무소 직원들만 힘들어져요. 마을은 스스로 못 합니다."

이런 말들은 현장에서의 경험에서 비롯되었을 것이다. 실제로 농촌은 고령화가 심각하고, 행정 문서나 사업계획을 능숙하게 작성할 수 있는 주민은 드물다. 지방자치제도 시행 이후에 오랫동안 행정에 의존하다 보니 '관이 해줘야 한다'는 의식이 자리 잡은 것도 사실이다. 그렇지만 이 현실만을 보고 '마을은 스스로 할 수 없다'라는 결론을 내리는 것은 위험한 착각이다. 오히려 그런 불신이야말로 마을을 더 약하게 만들고, 지원사업을 형식적이고 소모적으로 만드는 원인이 된다.

1) 우리가 보지 못하는 마을의 힘

겉으로 보기엔 힘이 없어 보이는 마을도 그 속에는 여전히 살아 있는 잠재력이 있다.

① 주민들이 오랫동안 쌓아온 생활의 지혜가 있다.

외부 전문가도 모르는 땅의 특성, 농사법, 계절별 생활방식, 마을의 역사와 자원은 주민들만이 알고 있다.

② 공동체적 연대가 있다.

울력이나 두레처럼 함께 살아온 경험은 쉽게 사라지지 않는다. 어려울 때 서로 도와주려는 마음, 함께 해결하려는 습관은 여전히 살아 있다.

③ 작은 불씨처럼 남아 있는 자발성이 있다.

마을 잔치를 스스로 준비하거나, 작은 꽃밭을 공동으로 가꾸는 움직임 속에서 주민들은 자기 힘으로 뭔가를 해낼 수 있다는 자신감을 되찾는다.

공무원이 이 힘을 보지 못하고 불신으로 대한다면, 주민들은 더욱 움츠러들 수밖에 없다. 반대로 그 힘을 믿고 기다려준다면, 작은 변화가 큰 변화로 이어질 수 있다

2) 불신과 믿음의 차이

마을의 힘을 믿지 않으면 행정은 '주민 주도'라는 구호만 남기고, 실제로는 모든 것을 대신해버린다. 사업계획도, 집행도, 보고도 행정 주도로 이뤄지고 주민은 구경꾼이 된다. 그러면 주민들은 더욱

의존적이 되고, 스스로 할 기회를 잃는다. 결국, 사업이 끝나면 아무것도 남지 않는다. 그때 공무원은 다시 말한다.

"봐라, 역시 주민들은 스스로 못 한다."

이것이 바로 불신이 불러오는 악순환이다.

반대로 마을의 힘을 믿고 기다려 준 사례들도 있다. 어떤 마을은 처음에는 회의조차 열리지 않는 마을이었다. 회의가 열렸다 하더라도 결론 없이 끝나기 일쑤였다. 그러나 마을육성 프로그램을 통해 회의의 중요성을 알고, 회의하는 방식을 배우면서 서서히 바뀌어 나갔다. 비록 마을 주민의 대다수가 나이가 많고 평균연령이 65세를 넘긴 마을이었지만, 공감대 형성을 목표로 하나하나 실천해나갔다. 작은 성취에도 격려하고, 주민 스스로 안건을 정하게 하며 기다려주었다. 시간이 지나자 마을은 스스로 회의를 진행하고, 지원금을 활용하여 마을을 가꾸는 작은 사업을 시작했다. 행정은 필요한 제도적 지원만 뒷받침했을 뿐인데, 마을은 스스로 살아 움직이기 시작한 것이다.

여기서 중요한 교훈이 있다. 마을은 스스로 할 수 없다가 아니라, 스스로 해보는 기회를 부여받지 못했을 뿐이다.

3) 행정의 역할, '믿고 기다리는 것'

앞으로의 행정은 주민이 부족한 점을 먼저 보는 것이 아니라, 마을이 가진 가능성을 먼저 봐야 한다. 공무원의 역할은 대신해주는 것이 아니라, 주민이 스스로 할 수 있도록 기다려주고 뒷받침하는 일이어야 한다. 작은 성취라도 주민이 직접 이뤄낼 수 있도록 지원할 때, 마을은 자기 힘을 깨닫고 성장한다.

공무원이 마을의 힘을 믿지 않으면, 어떤 지원사업도 형식에 머무른다. 하지만 공무원이 신뢰의 눈으로 마을을 바라볼 때, 주민은 스스로 해낼 힘을 키운다. 고령화, 능력 부족, 의존성이라는 단점 뒤에는 여전히 잠재력이 있다. 그것을 믿고 기다려주는 행정이야 말로 진정한 마을육성의 출발점이다.

"마을 자체의 힘을 믿어라."

이 말은 단순한 구호가 아니다.

공무원 스스로의 행정 철학을 바꾸라는 요청이며, 마을을 바라보는 눈을 새롭게 하라는 경고이다.

EPILOGUE

마을을 다시 일으키는 힘

자, 이제 INTRO에서 제시한 다섯 가지 사례에 대한 해답을 어느 정도 알 수 있겠는가?

첫 번째 사례인 '이사 온 사람이 마을 일에 협조하지 않아요'는 전입자 환영 시스템이 없다는 걸 가리킨다. 그들을 따뜻하게 맞이하는 마을 자체의 체계를 갖추면, 더불어 살아갈 가능성을 높일 수 있다. 개인의 성향에 의존하지 말고 마을의 체계를 갖추라는 것이다.

둘째 사례인 '내 나이 환갑인데 우리 동네 막내입니다'라는 사례는 농촌 인구의 유입이라는 과제이다. 이는 정부의 정책도 중요하지만, 마을 차원에서도 귀촌 인구를 유치하기 위해 자체적인 노력을 기울여야 한다는 점을 보여준다. 결국, 우리가 살기 좋은 마을을 가꾸고, 지속적인 관계의 확장을 위한 노력을 해야 한다는 것이다.

세 번째 사례인 '이사 온 사람을 호구로 아나?'는 마을 운영 시스템에 관한 것이다. 마을에 정관이 있어야 하고 정관에 의해 마을을 운영해야 한다는 사실을 알려준다. 발전기금은 오해를 살 여지가 많다. 명칭부터 '마을회 입회비'로 변경하고 정관에 명시하도록 하자. 그리고 금액도 부담되지 않는 선에서 정하는 것이 좋다. 입회비는 기존 주민들이 마을을 잘 가꾸어 놓은 노고에 대한 보답의 의미이다. 그래서 부담이 없어야 하며, 투명해야 한다. 금전에 관련된 것은 항상 투명하게 해야 뒷말이 없다.

네 번째인 '이장을 왜 맡아서 고생을 사서 하나'라는 사례는 임원 중심의 운영체계 구축에 대한 것이다. 혼자 하는 것보다 여럿이 하는 것이 낫다는 것은 누구나 안다. 이를 위한 시스템을 구축하는 것이 힘들기 때문에 대부분 포기하고 자포자기의 길을 가는 것이다. 현명한 이장은 주위 사람들에게 부탁을 잘하는 사람이다. 본인이 나서서 모든 것을 해결하는 것이 유능한 리더가 아니다. 마을발전을 위해서는 스스로 나서는 임원들이 많아야 한다는 것을 명심하자.

다섯 번째 사례인 '체험 마을은 왜 해서 갈등을 만들었나?'라는 것은 단계적 마을발전의 중요성에 대한 것이다. 주민참여를 정착시키는 생활공동체의 단계, 관계의 확장을 유도하는 학습공동체의 단계를 거치고 경제공동체로 가야 한다. 마을에 소득사업을 유치하는 것이 중요한 것이 아니라 주민들의 힘으로 키워가는 것이 중요한 것이다.

이러한 다섯 가지 사례를 통해 우리는 결국, 마을도 기초가 중요하다는 것을 알았다. 마을의 정석이라고 제목을 정한 이유도 여기에 있다.

오래된 마을 길을 걷다 보면, 무너져가는 담벼락과 잡초 무성한 길에서 오히려 강한 생명력을 느낄 때가 있다. 겉으로는 낡아 보이지만, 그 안에는 여전히 살아 있는 숨결이 있다. 고령화와 인구 감소, 의존과 무력감 속에 마을이 있는 듯 보이지만, 그 깊은 곳에는 여전히 다시 일어설 힘이 숨어 있다.

이 책에서 마을을 바로 세우는 길을 함께 이야기했다.
마을을 이끌 임원은 단순한 관리자가 아니라 판을 짜는 기획자여야 한다는 것, 주민참여가 곧 마을의 생명이라는 것, 생활공동체에서 학습공동체로, 다시 경제와 나눔의 공동체로 나아가는 성장의 단계가 있다는 것을.
그리고 마을 성장을 돕는 전문가는 지나가는 나그네가 아니라, 초등학교 담임선생님처럼 곁을 지키며 함께 배우고 성장하는 동반자이어야 한다는 것을. 잠깐의 성과보다, 일관된 길잡이가 필요하다는 것을.
무엇보다 중요한 메시지는 이것이다. '마을 자체의 힘을 믿어라.' 흔히 말하는 것처럼 "주민들의 나이가 너무 많다, 마을을 이끌 능력 있는 사람이 부족하다, 마을 자체의 역량이 부족하다"라는 불신은 해보지도 않고 마을의 날개를 꺾는 일이다. 마을에는 여전히 주민들이 자발성을 간직하고 있고, 오랜 세월 쌓아온 연대의식과 생활의 지혜가 살아 있다. 그것을 믿고 지원하며 기다려 줄 때, 마을은 스스로 일어나 다시 길을 걸어간다.

마을발전의 진짜 성과는 시설이 아니라 사람이다. 주민의 얼굴이 바뀌고, 서로의 손을 더 단단히 잡는 순간이야말로 가장 큰 성취다.

마을은 여전히 살아 있고, 다시 일어설 수 있다. 아무리 힘든 상황에 놓여 있을지라도 사람이 마을에 있는 한, 희망은 있다.

우리가 믿고 기다려준다면, 마을은 천천히 그러나 확실히 자기 길을 찾아갈 것이다. 마을의 힘을 믿자. 그 믿음이 곧 희망이고, 미래이며, 새로운 출발이다.

금융자본주의 속에 휘청이고 있는 지금의 상황에서 우리의 마을이 바로 선다면, 이런 사례가 지구촌의 수많은 마을에 새로운 삶의 이정표를 제시할 수도 있지 않을까?

그런 행복한 꿈을 꾸어 본다.

살고싶은 마을의 정석

펴낸날 2025년 11월 10일

지은이 정도훈
펴낸이 주계수 | **편집책임** 이슬기 | **꾸민이** 허유진

펴낸곳 밥북 | **출판등록** 제 2014-000085 호
주소 서울특별시 마포구 양화로 156 LG팰리스빌딩 917호
전화 02-6925-0370 | **팩스** 02-6925-0380
홈페이지 www.bobbook.co.kr | **이메일** bobbook@hanmail.net

© 정도훈, 2025.
ISBN 979-11-7223-119-4 (03300)

※ 이 책은 저작권법에 따라 보호받는 저작물이므로 무단전재와 복제를 금합니다.